Laura Nunziante

# SALUTE!

## Wie ich mit ganz Europa Brüderschaft trank

**KNAUR✶**

**Besuchen Sie uns im Internet:**
**www.knaur.de**

Originalausgabe Juni 2018
Knaur Taschenbuch
© 2018 Knaur Verlag
Ein Imprint der Verlagsgruppe
Droemer Knaur GmbH & Co. KG, München
Alle Rechte vorbehalten. Das Werk darf – auch teilweise – nur mit
Genehmigung des Verlags wiedergegeben werden.
Redaktion: Nadine Lipp
Covergestaltung: semper smile Werbeagentur, München
Coverabbildung: Shutterstock/Vlada Young; wildfloweret
Satz: Adobe InDesign im Verlag
Druck und Bindung: CPI books GmbH, Leck
ISBN 978-3-426-78934-6

2   4   5   3   1

# Inhalt

*Nur wenige Menschen begreifen, wie nützlich es ist,*
*daß man, um in der Welt sein Glück zu machen,*
*niemals erröte und alles wage.*
Erasmus von Rotterdam

# 1

## Generation Europa: Wo willst du hin?

Wir reisen, um andere Länder zu entdecken. Wir wollen frei sein, weit weg von den Menschen, die uns in ein Korsett zwingen. Abseits der Strukturen, die nicht nur Sicherheit, sondern auch Monotonie bedeuten. Diese Gründe kennt jeder Reisende. Und vor jedem Aufbruch gibt es diesen einen Moment, in dem aus der Idee ein Plan wird.

Ich hielt ein Vollkornbrötchen mit Sojaaufstrich in der Hand: das widerlichste Brötchen, das ich je gegessen hatte. Es war Sonntag, ich seit Kurzem Vegetarierin, und ich las Ben aus der Zeitung vor.

Ich überflog die Headlines und verkündete, dass Ungarn seine Grenzen schließen wollte. Es war der Sommer 2016, Europa in der Krise. Das Referendum über den Brexit stand kurz bevor und einige osteuropäische Länder hatten beschlossen, das Schengener Abkommen aufzukündigen, das die Grenzkontrollen an den Binnengrenzen der teilnehmenden Staaten abgeschafft hatte.

Mir machte das Angst. Gehörig sogar. Die Reisefreiheit und Arbeitnehmerfreizügigkeit sind Privilegien, die zu meinem Grundbedürfnis geworden sind. Ich bin in einem Europa aufgewachsen, das sich als Einheit präsentiert hat. Sollte sich jetzt langsam ein Auseinanderbrechen ankündigen, stünde das Lebensgefühl einer ganzen Generation auf dem Spiel.

Seit ich zwei Jahre alt war, fuhr ich jeden Sommer mit meinen Eltern zu dem italienischen Teil der Familie nach Modena. An der Grenze waren wir nicht ein einziges Mal angehalten worden; damals war mir nicht mal klar, wofür es Pässe gab. Oft hatte ich in meiner Jugend darüber nachgedacht, nach Italien auszuwandern, da meine südländischen, temperamentvollen Charakterzüge meinen deutschen Freunden immer mehr auf die Nerven gingen. Trotzdem gab es da eine Sache, die uns miteinander verband. Wir waren alle Europäer.

»Was sagst du denn jetzt dazu?«, fuhr ich Ben an, nachdem ich die Zeitung wieder weggelegt hatte.

Er schüttelte sich, anscheinend vor Ekel. Er hatte sich gerade selbst ein Stück Sojabrötchen in den Mund geschoben.

»Ich frage mich, wie lange du deine Vegetarierscheiße noch durchziehen willst«, antwortete Ben.

Er wusste, dass ich nichts mehr hasse als Menschen, die auf Sachlichkeit plädieren. Die meinen, sie wären überlegen, weil sie alles Authentische in sich ablehnen und mit dem Verstand entscheiden.

»Es ist erst vorbei, wenn das Tierleid vorbei ist«, packte ich die Leier militanter Vegetarier aus, die mich selbst am meisten nervte, weil ihr Anspruch, die Welt zu retten, heillos übertrieben war. Ich war wütend, verwirrt. Und jetzt ließ ich es an den armen Vegetariern aus.

Es machte keinen Sinn mehr, mit Ben zu reden, der jegliches Interesse an einer Diskussion verlor, sobald sie länger als eine Runde Counterstrike dauerte. Also versteckte ich mich wieder hinter der Zeitung. Dort war von rechtsnationalen Regierungen die Rede, von Staaten, die sich gegen eine angebliche Flüchtlingsinvasion wappneten. Sie schienen nur Wochen davon entfernt, es England gleichzutun und ein Referendum anzuzetteln, das über ihren Verbleib in der Europäischen Union entscheiden sollte.

Nein, diese Regierungen waren nicht an der Einheit Europas interessiert, sie wollten viel lieber unter sich bleiben – und doch alle Vorteile einer Union für sich beanspruchen.

»Jemand muss mit diesen Menschen reden«, sagte ich.

Ben stand auf und verschwand im Wohnzimmer. »Aber bestimmt nicht ich«, rief er in die Küche zurück.

Ich sackte zusammen. Zu lange arbeiteten wir uns aneinander ab, kämpften dafür, uns gegenseitig Gehör zu verschaffen. Heute wundert es mich nicht, dass das der Tag war, an dem ich die Entscheidung traf, aufzubrechen.

Ich trage drei Nationalitäten in mir. Die italienische Seite, die meines Vaters, hat kein Problem damit, einen Streit über Jahre hinweg aufrechtzuerhalten. Empört springt sie auf jede noch so niederträchtige Beleidigung an und lässt sie über Jahre in sich gären. Meine deutsche, mütterliche Seite ist auf Harmonie bedacht und lässt sich auf Kompromisse ein. Und dann ist da noch die polnische Komponente meines Urgroßvaters, die alles kurz und klein schlägt, was ihr in die Quere kommt. Jedes Mal, wenn ich in einer Krise bin, melden sich diese verschiedenen Seiten zu Wort und verursachen Chaos. Mir schien es daher immer das Beste, vor meinen Problemen wegzulaufen. Die Angstattacken, die ich jahrelang mit mir herumgeschleppt hatte, wurde ich in London los, wo ich drei Jahre studiert habe. Schon einmal hatte ich versucht, mich von Ben zu trennen, und während dieser Zeit war ich zu meiner Cousine nach Italien gezogen, bis sich die Wogen in Deutschland geglättet hatten.

Die Ferne war mein Zufluchtsort und mein Zuhause zugleich. Ich fühlte mich in Europa überall wohl. Und überall ließ man mich ein, ohne dass ich Anträge stellen und Begründungen hervorbringen musste.

Ich gehöre zur Generation Europa. Wir, die privilegierten nach 1985 Geborenen, können überall ein neues Leben anfangen. In Berlin, Budapest, Barcelona. In Rom, Krakau oder Helsinki. Ich hätte an jeden dieser Orte fliehen können – und wäre nicht weniger unglücklich gewesen. Nicht nur Schengen macht uns dieses Leben möglich. Auch die Billigflieger und Fernbusse befördern uns bis an den letzten Zipfel des Kontinents. Der Umstand, dass ich dank der Arbeitnehmerfreizügigkeit keine Genehmigung brauche, um als freie Autorin von überall zu arbeiten, hilft zusätzlich: Ich kann von einem Café in Madrid aus genauso gut schreiben wie von der Spitze eines isländischen Gletschers. Vorausgesetzt, die haben da schnelles Internet.

Aber wo wohnt das Glück, wenn es achtundzwanzig potenzielle Adressen hat? Hinter welcher der achtundzwanzig Türen wartet die verheißungsvolle Zukunft? Wir, die oft genug an der großen Frage scheitern, was wir mit unserem Leben zu tun gedenken, würden nie zufrieden sein. Egal, wo wir uns niederlassen.

Monatelang hatte ich den Gedanken mit mir herumgetragen, dass mein Leben vorbei sein würde, sobald ich mich von Ben trennte. Ich war fast dreißig, meine Freunde größtenteils verheiratet. Die Hochzeitseinladungen und Kinderbilder verstopften unseren Briefkasten, und das erzeugte in mir einen Druck, den ich mir immer wieder auszureden versuchte. Wer sagte, dass ich heiraten musste? Wer bestimmte, wann und ob ich überhaupt Kinder zu bekommen hatte? Trotzdem verzweifelte ich an dem Gedanken, meine Sonntagabende fortan alleine verbringen zu müssen. Zu lange hatte ich diese Trennung hinausgezögert.

Ich saß an diesem Sonntagnachmittag lange auf unserem Bett. Mein Blick heftete sich auf die Weltkarte an der Wand. Ben und ich hatten auf alle Ziele, die wir je besucht hatten, Sticker geklebt. Kuba, China, Russland. Sizilien, England, Norwegen und die Mongolei. Nur Europa war beinahe stickerfrei: Auf meinem eigenen Kontinent hatte ich erst wenige Länder besucht.

Ich wollte meine eigene Reise planen, die nichts mit der Beziehung zu tun hatte. Ich wollte Neues entdecken in der eigenen Nachbarschaft. Wollte das gute Gefühl, das das abstrakte Europa in mir auslöst, in die einzelnen Länder tragen; jetzt, wo alles auseinanderzubrechen drohte. Frankfurt, diese Stadt voller Erinnerungen, hatte sich außerdem verändert. Es hatte seine Künstler verraten, seine Studenten, Rentner und Alleinerziehenden. Sie alle fanden keinen Platz mehr in der immer teurer werdenden Stadt, deren riesiger Flughafen die Hoffnung für so viele war. Für jene, die eine neue Heimat suchten, weil ihre eigene sich entfremdet hatte. Und für jene, die sich Arbeit und wirtschaftlichen Reichtum von ihr wünschten. Von hier aus sollte meine Reise losgehen.

Aber wo anfangen? Wer war ich auf diesem Kontinent mit siebenundvierzig Ländern? War ich Deutsche, Polin oder

Italienerin? Musste ich mich überhaupt für eine Variante entscheiden? Wohin konnte ich in Zukunft gehen, wenn der Kontinent auseinanderbrechen sollte? Der konservative Osten wollte nicht mehr mit dem liberalen Norden, der ärmere Süden verlor die Verbindung zum reichen Westen. Dabei gab es keinen offenen Kampf, sondern einen Bruch der gemeinsamen Werte. Ein Kontinent, der so viel Kulturelles zu bieten hat, der sich über seine Jugend definieren sollte, für die die Multinationalität mehr und mehr zur Norm wird: Unmöglich konnten wir das alles aufgeben.

Vor vierzig Jahren war das Erasmus-Programm gegründet worden mit dem Ziel, die Europäer miteinander zu verbinden. Bereits eine Million Erasmus-Babys sind aus den Beziehungen zwischen den einzelnen Ländern entstanden, und die offenen Grenzen stellen sicher, dass diese Bindungen andauern. Es sind gerade wir Jüngeren, die ein neues, offenes Europa fordern. Wir Jungen sind es, die sich über die sozialen Netzwerke verbinden können und wollen wie keine Generation vor uns. Wir haben die Macht, Europa zu verändern. Und doch schaffen wir es nicht, uns politisch durchzusetzen. Entweder weil wir nicht laut genug schreien – oder weil wir erst gar nicht zu den Wahlurnen gehen. Was auch immer der Grund für unsere Resignation ist – ich wollte auf dieser Reise Antworten finden.

Seit meiner Studienzeit in London habe ich Freunde dort. Ich würde für eine Weile zu ihnen zurückkehren. Ich würde mich auf ihrer Couch niederlassen und ihren Kühlschrank leer saufen: Endlich könnte ich wahr machen, womit ich jahrelang gedroht hatte.

Mit London verband ich nicht nur eine Zeit des Lernens, sondern auch eine Zeit der Saufgelage. Binge-Drinking nennen die Engländer das, aber ich hielt es für eine starke Untertreibung, wenn man bedenkt, was der allgemeine Engländer an einem Abend in sich hineinschüttet. So waren sie mir letztlich nähergekommen, die Engländer. Die meisten Bekanntschaften hatte ich nachts geschlossen, über das Feiern und den Alkohol. Das war der einzige Weg, eine Einheit zwischen jungen Menschen zu schaffen in diesen rauen, populistischen Zeiten: Ich würde mich mit ihnen besaufen. Es ist der kleinste gemeinsame Nenner, der junge Menschen in Europa miteinander verbindet: feiern, tanzen, trinken.

Kaum eine Sache macht uns mehr Spaß, als uns gehen zu lassen – der Hochprozentige wirkt dabei als kulturelles und sprachliches Bindemittel. Alkohol öffnet Herzen und Arme, er lockert Zungen und fördert den Diskurs. Hatte der Alkohol nicht bei jedem von uns schon gewisse Bekanntschaften ermöglicht? Brachte er nicht oftmals Paare zusammen, die sich im nüchternen Zustand nicht mal angeschaut hätten? Nach all den Wahlen, Verhandlungen und Referenden musste der Alkohol das ermöglichen, was er seit Jahrhunderten ermöglichte: Er musste die Menschen einen. Konnte er also nicht auch Europa wieder zusammenwachsen lassen?

Europäische Völker, zwitschert euch einen im Namen der Verständigung! Ein gepflegtes Besäufnis, das hat noch die kleingeistigsten von uns Europäern zusammengebracht.

Bevor ich zur Reise aufbrach, beschloss ich, alles zu behalten, was ich besaß. Nichts widerte mich mehr an als Menschen, die ihre Wohnung aussortierten. Die meinten, ihr Leben würde reicher, je mehr sie davon weggaben. Ich sah den riesigen Fernsehturm aus dem Fenster. Ich hatte eine Mission für mein neues Leben gefunden: Europa bereisen und die verschiedensten Europäer kennenlernen. Ich musste ihnen meine Liebe zu diesem Kontinent näherbringen. Dabei würde ich, alleine aus Gründen der Völkerverständigung, jeden Schluck annehmen, würde an Theken stehen und auf Barhockern sitzen, würde die Saufspiele, Katerrezepte und Trinkgewohnheiten der einzelnen Kulturen kennenlernen. Seit jeher war ich vor meinen Problemen weggelaufen. Jetzt lagen, wenn ich den ganzen Kontinent betrachtete, siebenundvierzig Länder vor mir, in die ich flüchten konnte, um mir in ihnen die Birne wegzuknallen. Um zu vergessen, um mich zu erinnern, um die jungen Europäer zu verstehen. Europa, welch ein Fest für die Leber.

# 2
## Der Abend vor dem Brexit

Es war früh am Abend. Ich stand vor einer Bar, in der ich vor fünfzig Leuten aus meinem Tagebuch vorgelesen hatte. Bei einem Diary Slam war ich gegen fünf andere Menschen angetreten, die ebenfalls aus ihrem Tagebuch gelesen hatten.

Mit vierzehn war ich in zwölf Jungs gleichzeitig verliebt. Jedes Mal, wenn ich das Wort »verliebt« in meinen Texten verwendet hatte und es laut vorlas, zwang der Moderator mich, einen Pfeffi zu trinken. Am Ende hatte ich den Diary Slam gewonnen. Dafür war ich jetzt die Dichteste.

Ich wollte mich in dieser Nacht von der Stadt verabschieden, die mir fünf Jahre lang ein Zuhause war. Wochenlang hatte ich gepackt und geplant. Eine genaue Route hatte ich dennoch nicht.

Ich weiß nicht, ob es Zufall war, dass die Briten in derselben Nacht – einen Tag vor meiner Abreise nach London – über den Brexit entschieden, oder ob ich es unbewusst heraufbeschworen hatte. Jedenfalls war ich davon überzeugt, dass diese Wahl eine Verzweiflungstat jener Menschen war, die das Binge-Drinking erfunden hatten.

Ich fragte die Leute um mich herum, was heute Abend ging. Ich kannte sie zwar alle nicht, aber nach dreizehn Pfeffi nenne ich jeden meinen Freund.

»Saufen«, ertönte es aus den hinteren Reihen, und ich erkannte die Stimme sofort. Es war der Moderator, der uns durch den Abend geführt hatte. Verstohlen trat der Grieche namens Jannis hervor und schob sich gleichzeitig seine Hornbrille auf die Nase. »Wir gehen jetzt einen heben, oder nicht?«, fragte er.

Ich folgte der Meute in Richtung eines gelb leuchtenden Bank-Towers, um den sich zu späterer Stunde Nebel gewoben hatte. Ich wurde rührselig, lehnte mich an Jannis und sabberte auf sein Jackett.

»All die Jahre hat Frankfurt mich nicht losgelassen«, säuselte ich. »Diese Stadt macht mich zu einer Reisenden mit einer Heimat.«

Jannis schob mich leicht von sich weg.

»Du wunderschöne Stadt«, rief ich zu den Hochhäusern empor und blieb mitten auf der Straße stehen. »Du offenes Nest für 180 Nationen, die friedlich Seite an Seite leben. Morgen werde ich dich endgültig verlassen.« Ich ließ den Kopf hängen, mein shakespearscher Monolog war beendet.

»Sei vorsichtig, dass du nicht gleich die Nordafrikanischen davon an der Backe hast.« Jannis zündete sich eine Zigarette an. »Mitkommen.«

Ich folgte ihm, ohne darüber nachzudenken, wohin wir gingen. Nur Pfeffi versetzte mich in diesen Zustand vollkommener Gleichgültigkeit. Vielleicht lag es daran, dass er aus Ostdeutschland stammte. Es war windig, das Shirt klebte mir am Rücken. Dies war der typische Anfang eines deutschen Sommers. Gleich würde es sicher anfangen zu hageln und wer wusste schon, ob nicht ein Schneesturm an der nächsten Ecke auf uns wartete?

Jannis erzählte mir, dass er morgen früh rausmüsse, um mit Dutzenden Afghanen und Syrern neue Asylanträge zu bearbeiten. Ich machte mir ein neues Bier auf, das ich in meiner Handtasche gefunden hatte. Jede Unterhaltung langweilte mich, besonders die mit einem Beamten.

Umso mehr freute ich mich, als Jannis auf eine rot ange-
strichene Tür zeigte, aus der laute Punkmusik dröhnte. Er
verkündete, dass das Beste an dem Pikdame sei, dass die
meisten Menschen dort drin einen Fick darauf gaben, ob
sie morgen arbeiten mussten. Das Zweitbeste, dass das Pikdame früher mal ein Stripclub war. Und das Drittbeste,
dass dies die beiden Dinge waren, die er jetzt am meisten
gebrauchen könne.

Ich ging als Erste in den Laden und stand direkt neben
der Theke. Alle Stühle waren mit rotem Plüsch bezogen.
Auf der Bühne stand ein kleines Karussell, und auf einem
seiner Plastikpferde saß eine etwa fünfzig Jahre alte Frau in
Spitzenunterwäsche. Ich bestellte einen Gin Tonic mit einer
Selbstverständlichkeit, die mich selbst erschreckte.

»Leider Gin wir haben keinen mehr da«, sagte der Barkeeper, und ich hörte aus seinem melodiösen Akzent heraus,
dass er aus dem Süden Europas kam.

Ich räusperte mich, klopfte auf die Theke. »Was soll das
denn? Keinen Gin mehr? Wie soll ich denn den Abend
überleben?«, fragte ich.

Aber der Mann starrte nur auf die Frau auf dem Karus-
sellpferd. Dabei griff er in eine Schublade unterhalb seiner
Hüfte und reichte mir, ohne mit der Wimper zu zucken, ein
regionales Bier aus dem Frankfurter Norden.

»Schönen Dank auch«, sagte ich, neuerdings mit der Ge-
wissheit konfrontiert, dass mein Plan für einen hochprozen-
tigen Rausch sich in Luft aufgelöst hatte.

Das Pikdame war in rotes Licht getaucht. Ein paar Mitt-
dreißiger in NOFX-Shirts und mit Dreadlocks ließen einen
Joint rumgehen. An den Wänden hingen Poster von Porno-
filmen aus der Zeit, als meine Eltern jung waren. Wie immer
hoffte ich, darauf nicht einen von ihnen zu erkennen.

Schlimmer plagte mich nur meine Flugangst, aber das war eine Sorge für den nächsten Morgen. Das Schöne am Alkohol ist, dass er Probleme verschiebt. Als würde man sich mit jedem Schluck ein wenig Zeit erkaufen.

»You're all right, love?« Neben mir stand jetzt ein älterer Mann in einem hellblauen Neoprenanzug. Er schien als Fahrradkurier zu arbeiten. Seine Stimme piepste in meinen Ohren wie Kirchengesang. Der Mann kippte leicht zur Seite, fing sich aber wieder, indem er sich mit dem Ellbogen an der Bar abstützte.

Vor Jahren hatte ich mir angewöhnt, mich mit dem Rücken zur Theke zu stellen, um immer den offenen Raum im Blick zu haben. Nur so kann ich den nächtlichen Männergriffen entkommen, die Frauen als vogelfrei betrachten, sobald sie einen Drink zu viel intus haben. Dieses Exemplar hier nahm allerdings Sicherheitsabstand.

»Schön, jemanden zu sehen, der sich auf den Beinen halten kann«, begrüßte ich Jannis, der in diesem Moment zur Theke kam. »Ich habe gerade einen betrunkenen Engländer kennengelernt.«

»Sind die jemals nüchtern?«, erwiderte er. Sein Blick haftete auf dem Barkeeper.

Ich fragte Jannis, ob er etwas über den Ausgang des britischen Referendums wusste. Er kramte sein Handy aus der Hosentasche und verkündete, dass er nichts dazu finden könne. Außerdem sollte ich ihn nicht ansprechen, er sitze seit einer Weile auf dem Trockenen.

»Wo bekommt man denn was Flüssiges in diesem Saftladen?«, fuhr er den Barkeeper an.

Kommentarlos griff dieser in die Schublade und holte ein zweites Bier heraus.

»Na also«, sagte Jannis. »Geht doch.«

Der Engländer war mittlerweile in den Ausschnitt einer großen Frau gefallen. Diese schleuderte ihn unter lauten Pfiffen umgehend zurück – direkt in meine Arme.

Ich drehte ihn zu mir um. »Erzähl mir vom Brexit.« Ich gab ihm eine leichte Ohrfeige. »Und lass dabei kein Detail aus.«

Ich bemerkte, wie er körperlich abbaute. Immer wieder fiel er gegen die Theke. Er war mein Sorgenkind, ganz so wie das Vereinigte Königreich, das durch den Brexit sicher zu einem werden würde.

»I haven't started it«, erklärte er mir oder wem auch immer, denn sein Blick verlor den Fokus. »We have to fucking prevent it!«

Wir den Brexit verhindern? Für den Engländer, den ich fortan Joe nannte, weil er sich nicht mehr selbst vorstellen konnte, war das sicher eine gute Idee.

Ich aber wollte erst mal eine Zigarette rauchen.

Eine Gruppe spanischer Touristen echauffierte sich lauthals über den Rauch, der langsam zur Decke stieg. Sie richteten aber kein Wort direkt an mich, sondern lächelten nur, wenn ich in ihre Richtung schaute.

Wortfetzen irrten in den verschiedensten Zungen durch den Raum, um sich unterhalb der Decke zu einem neuen Europäisch zusammenzufinden. Vielleicht hätten wir uns niemals miteinander unterhalten, wäre die Kraft des Alkohols nicht gewesen. Vielleicht hätte Joe mich niemals angesprochen. Vielleicht hätte der Austritt Englands aus der EU nie zur Debatte gestanden. Wenn es nach dem Alkohol ging, war alles möglich. Und nichts war mehr sicher.

»Muss der ins Krankenhaus?« Jannis zeigte auf Joe, der sich nur mit Mühe auf den Beinen hielt. Er flüsterte, offenbar wollte er nicht zu viel Aufmerksamkeit auf uns lenken.

Jannis nahm nun die Flasche des Engländers an sich, seine eigene war leer.

Hinter ihm stand ein junger Mann, der sich einen Schritt weiter nach vorne wagte. Er fragte, ob wir Hilfe bräuchten und ob er etwas für den Engländer tun könne.

Wir ignorierten ihn, aber der junge Mann blieb bei uns stehen. Er war neu in Frankfurt, kannte niemanden in der Stadt und brauchte uns als nächtliche Gefährten. Er sprach gutes Deutsch, allerdings mit einem leichten Akzent, stellenweise schien seine Grammatik nicht ausgereift.

Ich fragte ihn, woher er kam. Die Frage, die Einwanderer an uns Deutschen so schätzen.

Er erzählte, dass er mit dreizehn Jahren aus Kroatien nach Deutschland geflüchtet war. Bis vor einigen Monaten hatte er noch in Dortmund gelebt.

Ich nickte, hörte ihm aufmerksam zu. Dann erzählte ich ihm, dass mein Vater als Kind ebenfalls aus Kroatien geflüchtet war, aber wegen eines ganz anderen Konflikts. »Nur meine Tante ist wieder zurück nach Cres gegangen. Alle anderen sind in Italien geblieben«, sagte ich.

Darko erklärte, dass er seine kroatische Familie nicht mehr besuchen würde, weil sie immer nur Geld von ihm wollten. Das hätte ihn einige Jahre ziemlich runtergezogen, bis er sich dazu entschlossen hatte, nicht mehr hinzufahren.

Wir nickten unentwegt. Einwandererkinder sind stolz auf ihre Familiengeschichten. Nur so können sie sich von den langweiligen Erzählungen der Deutschen über Bausparverträge und Erbpachtsteuer absetzen.

»Nach dem Krieg wurde mein Großvater, Nonno Pasquale, vor die Wahl gestellt«, fuhr ich meine Geschichte fort. »Entweder er wäre mit seiner Familie in Kroatien zwangseingebürgert worden oder er hätte nach Italien fliehen müssen.«

Ich zündete mir eine weitere Zigarette an, Darko hing an meinen Lippen.

»Meine Großeltern sind mit meinem Vater und seinen Geschwistern auf einem Boot nach Neapel übergesiedelt. Die Frauen, darunter meine Nonna Rosa, hielten die Fahrt über ein Bild vom kroatischen König in der Hand, jede von ihnen eins. Als sie die italienische Seegrenze erreicht hatten, öffneten die Frauen ihre Bilderrahmen und nahmen Scheine heraus. Dann warfen sie die Bilder ins Wasser. Keiner der Behörden war auf die Idee gekommen, dass die Italienerinnen ihren kroatischen König nicht so sehr liebten wie sie selbst.«

Ich lachte, wie immer, wenn ich an dieser Stelle angekommen war. Sie zählte zu meinen besten Aufreißgeschichten, und ich hoffte, dass sie auch bei Darko Wirkung zeigen würde.

»Voll die Patrioten, die Kroaten«, sagte Darko.

Ein Mann, doppelt so alt wie wir, gesellte sich zu uns. »Für mich ist Griechenland auch das schönste Land der Welt.« Er klopfte sich auf die Brust und dann Jannis auf die Schulter, der neben ihm stand. »Es ist nur nicht leicht, dort zu leben. Ist es nicht so, mein griechischer Freund?«

Griechen scheinen ein geheimes Erkennungsmerkmal zu haben.

Jannis nahm ein Tuch zur Hand und putzte seine Hornbrille – vermutlich, um sich nicht weiter an der Unterhaltung beteiligen zu müssen.

»Ich bin übrigens Alexandros«, stellte sich der Mann wie ein unglücklich Liebender in einer griechischen Tragödie vor.

Ich sah im Augenwinkel, wie Joe den Kopf an die Wand lehnte, als wolle er die Gedanken loswerden, die ihn umtrieben.

»Wenn die Engländer heute Nacht raus sind, haben wir ein Problem«, sagte ich.

»Dann bricht der Kontinent auseinander«, sagte Darko. Alexandros schaute mit glänzenden Augen zur Decke. »Die Briten machen es richtig. Da können wir uns noch was von abschneiden. Stimmt es nicht, mein griechischer Gefährte?«

Jannis zuckte mit den Schultern und widmete sich wieder seiner Brille.

Darko stellte sich näher zu mir, als müsse er mich verteidigen.

»Wir werden die Brexit verhindern.«

Joe stand nun in unserer Mitte. Offenbar sprach er ein wenig Deutsch. Dann lehnte er sich an Darkos Schulter, schloss die Augen und kicherte sich in einen betrunkenen Schlaf.

Alexandros' Blick war nun auf die riesigen Brüste der großen Frau gerichtet, auf die Joe zuvor gestarrt hatte. Die Frau war an unsere Runde herangetreten, offenbar kannte sie Alexandros.

»Ich hätte ja nichts dagegen, die Engländer bei uns zu behalten. Wenn Merkel nur nicht diese Eindringlinge reinlassen würde«, sagte Alexandros dann. »Asylanten.« Seine Stimme wurde dunkel, sein Blick wanderte zu uns rüber. »Die wollen alles von uns. Alles, was sie kriegen können.«

»Die wollen Wasser und 'ne Decke«, sagte Jannis endlich. »Mehr wollen die nicht.«

Darko stellte sich breitbeinig vor Alexandros auf. »Wer hat euch Griechen damals den Arsch gerettet, hä?«

»Steuern erhöhen ist Arschretten?«, konterte Alexandros. »Reformen durchdrücken ist helfen?«

»Ich war übrigens mal Helferin auf Lampedusa«, warf ich ein, aber die anderen ignorierten mich.

Die Frau mit den großen Brüsten leckte an Alexandros' Ohrläppchen. Eine Bekanntschaft zwischen den beiden war nicht mehr auszuschließen.

»Nadja, jetzt nicht«, flüsterte der daraufhin, konnte sich aber ein Lächeln nicht verkneifen.

»Ich komme Krakau«, sagte Nadja. »In Krakau wir haben gar nichts zu lachen. Trotzdem Krakau ist Heimat.«

Joe verlor in diesem Moment die Kontrolle über seinen Körper. Jannis fing ihn galant mit dem Arm auf. Er hielt ihn eine Weile im Schwitzkasten. Offenbar hatte das Wort »Heimat« in dem Engländer unerträgliche Gefühle ausgelöst. Wer wusste schon, was bald mit seiner passieren würde?

»Alexos ist guter Mann«, sagte Nadja. Sie knickte in ihren High Heels zur Seite. »Immer großzugig. Immer hilfsbereit.«

»Alexandros heiße ich. Das weißt du doch, Nati.«

»Ich weiß, ich weiß«, schluchzte Nadja. »Ich weiß alles, du machst für uns. Ich weiß aber nie, wie ich sagen soll danke. Verstehst du?«

In diesem Moment wurde mir klar, dass der Brexit nur der Anfang vom ganz großen Ende war. Ich sah es an Alexandros, der sich in seiner Meinung gegenüber Fremden nicht beirren ließ, egal, wie gut wir argumentierten. Ich sah es an der unklaren Geschäftsbezeichnung Nadjas in diesem Land, deren einzige Hoffnung die Liebe war. Obwohl wir alle Deutsch sprachen, scheiterten wir daran, auf einen Nenner zu kommen. Wie sollten wir nach außen eine Einheit repräsentieren?

Ich spürte Darkos Lippen auf meiner Ohrmuschel. »Wollen wir Schnaps trinken?«

Ich ging mit ihm zur Theke. Ich hatte mehr als genug von diesem schwachherben Frankfurter Bier, es hatte mich nur müde gemacht.

Darko zog einen Schein aus seiner Bauchtasche und bestellte zwei Sambuca. Das schien der einzige Schnaps zu sein, den der Barkeeper uns heute Nacht anbieten konnte.

Ich fragte Darko, ob es einen kroatischen Schnaps gäbe, den ich unbedingt kennen musste. Er erklärte, dass kroatische Familien ihren Schnaps meist illegal brannten und es gefährlich für mich werden könnte, wenn ich auch nur einen dieser Namen kannte.

Ich schielte auf die Uhr über der Theke. Es war zwanzig nach drei, und ich musste dringend nach Hause. Ich durfte den Flug nach London nicht verpassen. Ich wollte ein letztes Mal unkompliziert nach England reisen. Sollte der Brexit wahr werden, würden andere Zeiten anbrechen.

»Gibt es schon Ergebnisse?«, fragte ich Darko.

Er öffnete seine Bauchtasche und schaute auf sein Handy. »Sieht nicht gut aus für die Briten und die EU.«

Wir legten eine Schweigeminute ein. Die ganze Zeit schaute er mich an, während wir einen Schnaps nach dem anderen vernichteten.

Jannis hatte das Pikdame mittlerweile verlassen, weil er am nächsten Tag unzählige Asylanträge ausfüllen musste. Joe war weinend mit dem Kopf auf der Theke eingeschlafen, weil er bald vielleicht nicht mehr in Deutschland leben durfte.

Darko entschuldigte sich auf die Toilette und kam nicht wieder. Nach einer halben Stunde des Wartens beschloss auch ich, nach Hause zu gehen.

Vor der Tür sah ich, wie Alexandros Nadja in ein Taxi zerrte.

»Wir jetzt fahren Krakau?«, fragte sie, während er ihren Kopf in den Wagen drückte. Eine Taube pickte vor mir ein übrig gebliebenes Stück Käse auf. Ich folgte der Taube, sie ging sowieso in meine Richtung. Ich schlug ihr vor, gemeinsam ein Taxi zu nehmen, aber die Taube flog fort. Genau wie Darko, der war auch einfach weg. Genau wie Jannis und Alexandros, die sich nicht richtig verabschiedet hatten. Unverbindlichkeit war die neue Währung in einer Zeit, in der ein Land wie England die europäische Union tatsächlich verlassen wollte. In Krisenzeiten stand jeder für sich allein.

Ich wachte früh am Morgen auf, um meine Tasche ein letztes Mal durchzusehen. Mein Ticket hatte ich dabei, mein Handy, meinen Reisepass – nicht in allen europäischen Ländern war die Einreise unkompliziert – und meinen Personalausweis. Ich kochte mir einen Tee und scrollte durch die Hochrechnungen, mein Herz klopfte. Nach einer Weile fand ich eine sichere Quelle. Dabei wäre mir beinahe die Tasse aus der Hand gefallen: Die Briten hatten für den Brexit gestimmt, das Unmögliche war geschehen. England würde die Union verlassen, und ich würde in ein paar Stunden in diesen Verräterstaat einreisen.

Ich lud meinen Rucksack auf, warf einen letzten Blick auf meine Kartons, die ich abholen würde, sobald ich ein neues Zuhause in Europa gefunden hatte. Auf dem Weg zum Flughafen, noch gebeutelt vom Kater, ging mir nur eine Frage durch den Kopf: Wie dicht mussten die Engländer gewesen sein, um tatsächlich für den Brexit zu stimmen?

# 3

## Binge-Drinking im gespaltenen London

»Ich bin fertig mit denen da oben.« Aaron zog an einer selbstgedrehten Zigarette. Er trug eine viel zu große Regenjacke und saß im Schneidersitz.

Ich schloss die Augen als Zeichen des Bedauerns. Danach schielte ich verstohlen auf mein Guinness.

»Die stecken sich alles in die eigene Tasche. Ich meine, du weißt doch, was ich meine? You know?«

Ich saß auf einer kaputten Ledercouch in einer ranzigen Londoner Wohnung und versuchte den Gedanken eines Junkies zu folgen. Lulu, bei der ich übernachten würde, war hier, um sich Gras zu besorgen. Fünf Minuten hätte die Übergabe dauern sollen. Hätte ich bloß nicht so ein Bedürfnis, über Politik zu sprechen, sobald ich ein Guinness in der Hand halte. Das raue Bier des Proletariats erweckt in mir marxistische Theorien, es beflügelt meinen inneren Geist der Arbeiterklasse.

»Ich wollte es den verdammten Tories zeigen«, sagte Aaron. »Das hat für mich nichts mit refugees zu tun, damit das klar ist.« Er schaute ernst auf seinen Finger, den er als Warnung in die Luft hielt.

Lulu rollte derweil eine Tüte. Sie saß auf dem Boden, ein Bein angewinkelt. Leckte an der oberen Seite des transparenten Papiers, schloss es so graziös wie eine Sportlerin, die einen perfekten Salto vollzog. Dann überreichte sie

Aaron den Joint, den sie gefühlt in einer halben Sekunde gedreht hatte.

Der schwang jetzt seine langen, braunen Dreadlocks über die Schultern. Er schaute mich an. »Willst auch 'nen Zug?«

Ich begutachtete die Tüte, fragte mich, ob meine Mutter mir die Tugend der Höflichkeit beigebracht hatte, damit ich dreißig Jahre später Drogen damit ablehnen konnte. Ich verwies auf meine Dose Guinness.

Bald roch es in dem Wohnzimmer nach süßlichem Kompost. Ich starrte an die grau gestrichene Decke, von der die Farbe abblätterte, und nahm einen Schluck aus meiner Dose, aus dem jegliche Kohlensäure gewichen war. Ich wünschte, ich wäre diese Kohlensäure gewesen. Einfach nicht mehr da.

»Die ganze Welt schaut auf uns«, sprach Aaron in Richtung des Fernsehers, in dem eine alte Folge Doctor Who lief. »Das war ein kluges Zeichen von uns, findest du nicht auch?«

Ich richtete mich auf, atmete tief durch.

»Ich denke, dass das ein verdammt dummes Zeichen gewesen ist. Ich denke, ihr werdet noch sehen, wie schwer es ohne die EU für euch werden wird und was das für eure Wirtschaft bedeutet – geschweige denn für eure Menschlichkeit.«

Offenbar zeigte das Guinness Wirkung. Es enthüllte die grausame Wahrheit und verdeckte gleichzeitig ihren Schmerz. Ich brauchte mehr davon.

Am Nachmittag war ich im Londoner Stadtteil Clerkenwell angekommen. Hier hatte ich während meines Studiums gewohnt. Meine ehemalige Nachbarin Lulu bezog immer noch ein Studio-Apartment im selben Gebäude. Es erinnerte mich an meine Einzimmerwohnung, die ich damals für fünfhundert Pfund im Monat gemietet hatte: Jetzt kostete sie das Dreifache.

Ich erinnerte mich auch an den heißen Schwarztee, den ich mir bei Pret A Manger, einer französischen Sandwich-Kette, die kein Franzose je von innen gesehen hat, für ein Pfund gekauft hatte. Im Supermarkt erstand ich ausschließlich reduzierte Lebensmittel, die am nächsten Tag abliefen. Und während meine Kommilitonen im Café jobbten, schrieb ich Texte als Ghostwriterin, um über die Runden zu kommen.

Die meisten Studenten gingen nach dem Studium zurück in ihre Heimatländer, weil die Jobs in London so gefragt waren, dass die Gehälter ein Leben in dieser Stadt nicht rechtfertigten. Bei einer monatlichen Miete von 900 Pfund verdienten sie nur 12 000 im Jahr. Das war nicht das Leben, das der europäische Traum suggeriert hatte. Aber seit ich wieder in Deutschland lebte, hatte es kaum einen Herbst gegeben, in dem ich die dunklen Straßen Londons, die von einem kühlblauen Lichtstrahl erhellt wurden, nicht vermisst hätte. Seit ich wieder in Deutschland lebte, hatte ich vergessen, was Binge-Drinking bedeutete.

»Pub«, raunte es aus der anderen Ecke des Wohnzimmers. Seit geraumer Zeit saß dort eine Gestalt im Schatten. Lulu hatte mir vor unserem Besuch verboten, diese anzusprechen. Es war Mickey, der oberste Dealer des Clerkenwell-Clans. »Pub«, sagte er noch einmal.

Aaron traute sich, schwach zu protestieren, indem er auf sein volles Bier in der Hand zeigte.

Aber die Gestalt, die nun ins Licht hervortrat, strahlte eine solche Macht aus, dass auch ich es mit der Angst zu tun bekam.

Aaron ging geknickt in den Flur. Für einen, der der Regierung seines Landes gerade erst ein unmissverständliches Zeichen gegeben hatte, wirkte er gegenüber Mickey erstaunlich duckmäuserisch.

Ich folgte den anderen aus der Wohnung. Aus einem der Zimmer, die vom Flur abgingen, hörte ich ein verrauchtes Husten.

Lulu zog hastig an der Tüte und drückte sie im Flur in einem Aschenbecher aus. Bevor wir die Wohnung verließen, schaute ich in das Badezimmer. Hier lagen Shampoos auf dem Wannenrand verteilt, Haargel lief über den Toilettenrand, und blaues Neonlicht beleuchtete die Szenerie.

Mickey knallte die Wohnungstür hinter uns zu.

Ich betrat als Letzte den Fahrstuhl. Wir standen im Quadrat, glotzten uns an. Nur Mickey schaute durch uns hindurch. Ich begann zu erzählen, dass Aufzüge unmöglich abstürzen können. Dabei betonte ich das Wort »abstürzen« so vehement wie jemand, der einer schwerhörigen Dame verständlich machte, dass sie ins Altersheim musste.

Aaron gähnte, lehnte sich an den Spiegel hinter ihm.

»Das letzte Mal, dass einer abgestürzt ist, ist übrigens fünfzig Jahre her. Die haben ein automatisches Bremssystem«, sagte ich.

Die kleine Kiste ruckelte uns heftig durch. Als wir unten ankamen, drängelte ich mich vor und sprang als Erste hinaus, sicher war sicher.

Lulu hielt mich vor dem Gebäude einen Moment zurück, damit die Jungs uns überholen konnten. Sie fragte mich, ob ich ein Problem damit hätte, mit ihr und den beiden mitzugehen. Schließlich waren sie gesuchte Drogendealer.

Aber ich konnte gegen mein bedingungsloses Folgen nichts tun. Ich war die Gefangene des Alkohols. Er legte meine Nerven lahm, trieb mich dorthin, wo sich Menschen versammelten. Ich hatte vor nichts mehr Angst.

Ich sah hinauf in den Londoner Himmel. Die Bürogebäude waren von Nebel umhüllt, und kleine Regentropfen zitterten auf den Fensterscheiben. Ich ließ meine Dose Guinness in einen schwarzen Mülleimer fallen. Ein Pfandsystem gibt es in England nicht.

Wir blieben vor einem alten Gebäude stehen. Über der schweren Holztür las ich die Aufschrift Clerkenwell Pub.

Die Bar war grell beleuchtet. Auf dem Boden lag ein roter Wohnzimmerteppich, darauf standen mehrere Couchtische. An der Theke waren ausschließlich junge Leute. Aaron hatte sich für einen Couchtisch nahe der Fenster entschieden. Hier breitete er sein Gras vor aller Augen aus. Zwar war das Rauchen auch in Pubs nicht erlaubt, aber drehen durfte man offenbar alles.

Mickey ging zur Theke. Er hob die Hand, knickte den Daumen ein, vier seiner Finger blieben ausgestreckt. Dann zog er einen Zwanzigpfundschein aus der Tasche und legte ihn auf die Frotteematte, auf der normalerweise die Pints abgestellt wurden.

Und tatsächlich, die Frau hinter der Bar stellte vier Gläser unter den goldenen Hahn, aus dem das schwarze Gold bald heraussprudeln sollte.

»Die nächste Runde geht auf mich«, rief ich Mickey über die Schulter zu. »Sonst gibt es Ärger, you understand?«

Hatte ich gerade einem Drogendealer gedroht? Ich konnte es noch nie ertragen, von einem Mann eingeladen zu werden. Dass ich mich selbst mit Alkohol versorgen kann, begründet nicht zuletzt meine Unabhängigkeit.

»Der hat genug Geld«, raunte Lulu mir zu. »Hör auf, mir die Chance auf freien Alkohol zu versauen.«

Das leuchtete ein, dafür konnte ich meinen Stolz vergessen. Am Ende unterstützte ich damit sogar die englische Wirtschaft. Und die hatte das gerade bitter nötig. Ich beobachtete für eine Weile die Hipster an der Theke. Sie hielten riesige Gläser vor ihre Hühnerbrust. Sobald sie leer waren, drehten sie sich um und verlangten nach neuen. So lief die englische Pub-Maschinerie seit Jahrhunderten und würde heute Abend sicher nicht damit aufhören.

Ich fragte Mickey, warum er Guinness trank. Wir saßen jetzt an dem Tisch, den Aaron für uns freigehalten hatte. Mir war langweilig, ich wollte reden, dabei war mir egal, mit wem.

»Craft Beer is shite«, ließ Mickey verlauten. Aus Protest vernichtete er sein Pint auf Ex.

»Guinness ist das schwarze Blut unserer verlorenen Seelen«, erklärte Aaron. »Mickey ist nämlich ein echter Schotte.«

»Und wieso trinkt er dann irisches Bier?«, fragte ich.

»Guinness ist das Bier der Aussätzigen.« Aarons Blick wanderte immer wieder rüber zu Mickey. »Das vereint die Iren und Schotten seit Jahrhunderten: Das englische Königreich hat beide nur ausgenutzt.«

Guinness, das Bier der Außenseiter – mit einem millionenschweren Werbeetat. Ich war bis zur vollkommenen Betrunkenheit gerührt und spülte die Hälfte meines neuen Pints in einem Zug runter. Sehnsüchtig starrte ich auf die warme, weiche Frotteematte, auf der auch anderes Bier serviert wurde. Starrte in die Ecke des Pubs, in der man aufgeschlossen gegenüber neuen Getränken war, wo Tradition nicht das Allheilmittel aller Probleme war. Dort, wo der Brexit sicher nie passiert wäre. Aber die Theke rückte in immer weitere Ferne. Diejenigen, die dort Craft Beer tranken, wirkten glücklicher als die, die an einem erdigen Schwarzbier zugrunde gehen würden. Diejenigen, die das Königreich so lange verteidigt hatten, waren in der letzten Nacht von ihm fallen gelassen worden.

»Late Night Bar«, sagte Mickey. Er stand auf. Das war das Zeichen, dass wir ihm alle zu folgen hatten. Ohne jegliche Widerrede.

In der Late Night Bar standen die Trinkenden dicht gedrängt nebeneinander. Über der Theke ragten Käfige in die Höhe. Darin mussten Wildtiere gehaust haben, denn genauso stank es hier. Statt der Tiere lagen in den Käfigen allerdings leere Bierflaschen. Langsam wurde Mickey gesprächig. Er sagte, er hasse es, hier zu sein, aber wo sonst könne er sich neue Kundenkreise erschließen als in einer hippen Londoner Nachtbar? Sein neues Ziel seien Banker, die sich nach der Arbeit den Frust von der Seele koksen wollten. Er müsse auch an den Brexit denken und was das mit den Menschen angestellt hatte. »Das Ganze läuft dann unter meinem neuen Wellness-Zweig. Da fahren Yuppies total drauf ab«, sagte er.

Ich konnte diesen shite, den der angesoffene Schotte da von sich gab, nicht mehr ertragen und wandte mich an die Thekenfrau. Hinter ihr, in einem großen Holzregal, standen mehrere Bierflaschen mit den verschiedensten Etiketten. Sie kaute auf einem Kaugummi. Vor ihr lag eine Metro, die Morgenzeitung, die in Londoner U-Bahnen umsonst ausgeteilt wurde. Ihre schwarzen Haare hatte sie fest an ihren Kopf gekleistert.

»Kannst du uns eins empfehlen?« Ich zog ihr dezent die Zeitung unter der Nase weg.

»Ausweis?«

»Dein Ernst?«

»Bist du über einundzwanzig oder nicht?«

Ich legte meinen Ausweis auf den Tresen.

»Welches ist denn nun das beste?« Ich zeigte wieder auf die Flaschen hinter ihr.

»Kosten alle 'nen Fünfer«, antwortete sie.

Ich konnte ihr diesen Kommentar nicht verübeln, den meisten Leuten in London ging es ums Geld. Das war schon während meines Studiums so: Die billigste Wahl war immer die beste. Aber ich wollte nicht wissen, welches das billigste Bier war, sondern das bekömmlichste.

Sie stellte mir eines mit dem Namen Snakes Alive vor die Nase und fügte hinzu, dass dieses Craft Beer zumindest nicht so nach Sand schmecken würde wie die anderen.

Ich nippte vorsichtig. Das Snakes Alive schmeckte tatsächlich nicht nach Sand. Dafür allerdings nach sämtlichen Baustoffen, die es in diesem Dienstleistungsland nicht zu kaufen gab.

»Wo kommt das her?« Ich zeigte auf meine Flasche.

»Aus einer Brauerei in Mile End.« Sie eroberte sich ihre Zeitung wieder, indem sie sie aus meiner Hand riss.

»Spricht das nicht gegen das Konzept eines sogenannten Craft Beers?«, fragte ich.

»Gegen das Konzept, Hipstern das Geld aus der Tasche zu ziehen? Ich glaube kaum.« Sie lachte abfällig.

»Also braut ihr eure Biere nicht selbst?«, fragte ich.

»Das können wir uns nicht leisten. Wir kaufen nur bei den Großen ein.«

Nachdem ich das Bier getrunken hatte, wurde mir schwindelig. Ich schmiss fünf Pfund auf den Tresen und nahm einen letzten, kräftigen Schluck. Bittere und dunkle

Gedanken durchzogen mich, in mir sah es aus wie an einem nebligen Londoner Wintermorgen. Dann aber kam mir mein deutscher, zu deftig geratener Mittag wieder hoch, und ich entschuldigte mich auf die Toilette.

Es war nach Mitternacht, die meisten Pubs in der Millionenstadt geschlossen. Ich stand mit Lulu vor der Tür, ein kühler Wind zog mir durch die Knochen. Davor waren alle Raucher versammelt, der letzte Rest der Feiernden, die ihr Zuhause mehr fürchteten als einen Kater. Ein großer Schwarzer in einer viel zu kleinen Lederjacke ermahnte uns immer wieder, leise zu sein.

»Jetzt beruhig dich mal, Alter«, fuhr ich ihn an. »Merkst du nicht, wie dicht wir sind?«

»Ich würde mich nicht mit dem anlegen«, hörte ich eine Stimme hinter mir. Den Akzent konnte ich in meinem Zustand nicht mehr einordnen. Ich drehte mich um und schaute direkt in ein kantiges, dunkelbraunes Gesicht.

»Du bist viel lauter als die anderen«, sagte der dazugehörige Mann. Er lächelte, steckte die Hände in die Hosentaschen.

»Oh, really?« Ich redete automatisch leiser. Seine Anwesenheit beruhigte mich. Im Augenwinkel sah ich, wie Lulu sich mit dem Türsteher unterhielt. Sie lachte wie eine aufgeschreckte Hyäne. Sie hatte sich jenseits von Gut und Böse gesoffen, aber ich konnte ihr nicht helfen. Ich musste mir erst mal selbst helfen.

»Kommst du aus der Gegend?«, fragte ich den Mann, der sich plötzlich in zwei Männer spaltete. Ich fokussierte meinen Blick auf seine Nase, gab mir einen Kniff in die Wade. Dann ging es wieder. Mir fiel auf, dass ich keine Zigarette mehr in der Hand hielt. Ich fühlte mich nackt.

»Ich komme aus Nigeria.« Er lehnte sich an die Hauswand. »Du weißt schon, die Kolonie, über die England nicht so gerne spricht?« Jede seiner Bewegungen passte zu seinem Wesen, wie eine Schlange passte er sich seiner Umgebung an. Hatte er denn gar nichts getrunken? Wie war das möglich in diesem Land? Sein Akzent war weit entfernt vom schweren, hastigen Pidgin-Englisch. Dennoch fehlte ihm die sanfte Leichtigkeit des Londoner Mittelklassedialekts.

»Ich habe um die Ecke eine Wohnung gekauft«, sagte er. »Das feiere ich heute mit meinem buddy.« Er zeigte auf den Türsteher, der Lulu in diesem Moment durch die Haare strich.

Ich fragte ihn, ob das Sinn machte nach dem Desaster der letzten Nacht. Wegen der Wohnung machte er sich dennoch keine Sorgen, aber wegen der faschistischen Politik dieses Landes.

Ich fasste ihm an die Schulter, wollte eine wichtige Ansprache halten. Bereits eine Sekunde später hatte ich vergessen, worum es darin gehen sollte. Ich schaute auf meine Hand. Meine Lungenflügel zogen sich zusammen in der Hoffnung auf den erlösenden Rauch einer Zigarette.

So stürzte ich auf Lulu zu, die sich immer noch mit dem Türsteher unterhielt. Der zog jetzt an einer riesigen Zigarre und starrte dabei in den Abendhimmel.

Ich luchste dem armen Mann die Zigarre ab. Sein Blick lag fest auf dem meinen. Ich hatte Mühe, sie in der Hand zu halten, verlor das Gleichgewicht. Dann rauchte ich sie in einem Zug auf. Ich lauschte meinem eigenen Atem, fragte mich, wie lange der Türsteher dieses gefährliche Spiel noch akzeptieren würde. Die Motoren der Autos, Busse und Roller durchkreuzten meine Wahrnehmung. Ich konnte die

Stimmen der Anwesenden nicht auseinanderhalten, die Worte nicht einordnen, nicht eine einzige Silbe zu einem Satz formen. So müssen sich die Engländer gefühlt haben, nachdem sie für den Brexit gestimmt hatten. London war für mich seit jeher der Inbegriff einer liberalen Stadt gewesen – und England eine liberale Nation. Wie hatte es sich so von Rechtspopulisten einlullen lassen? Warum hatten die Wähler ihnen jedes noch so dumme Argument aus der Hand gefressen? Ich war von den Menschen, die mich vor Jahren aufgenommen hatten, getäuscht worden. Dreihundert Jahre Binge-Drinking: Kein Wunder, dass denen irgendwann die Birne durchbrannte.

Ich schaute zum Nigerianer neben mir. Es brauchte nun einen Akt der Verbrüderung, einen Akt der Solidarität, dessen war ich mir sicher. Es gab nur einen Weg, wie ich ihm diese beweisen konnte.

»Black power!«, rief ich. Ich streckte meine Faust zum Himmel, zog die Zigarre aus dem Mund und gab den Stummel an seinen Freund zurück.

Lulu riss mich in die Late Night Bar hinein. »Bist du bescheuert?«, rief sie. »Willst du uns umbringen?« Dann bekam sie einen Lachanfall.

Wir verabschiedeten uns mit nassen Wangenküssen von Mickey und Aaron, die ein paar Idioten gefunden hatten, mit denen sie die schottische Nationalhymne in Dauerschleife sangen. Draußen hielt mich der Nigerianer auf und verlangte nach meinem Handy. »You make me cracking up, you know that?« Er suchte sich auf Instagram und folgte sich selbst.

Lulu und ich liefen Arm in Arm die Leather Lane herunter zu ihrer Wohnung. Sie riss mir das Handy aus der Hand. Ich blieb an einer roten Ampel stehen, obwohl kein Auto zu sehen war. Würden die Bullen uns erwischen, wäre die

Nacht vorbei: Niemand blieb in London ungestraft an einer roten Ampel stehen, nicht einmal die pigs.

»Ey, der ist auf Netflix«, schrie Lulu mir ins Ohr. Sie lachte wie eine Wahnsinnige.

Ich nahm das Handy an mich. Auf dem Foto, das auf dem Bildschirm zu sehen war, lehnte der Mann lässig an einer roten Backsteinwand wie an diesem heutigen Abend. Unter seinem Profil stand, dass er Schauspieler und Regisseur für mehrere Formate in Nigeria war.

»Wie kann man denn gleichzeitig zwei Künste beherrschen?«, fragte ich Lulu, die an unserer Unterhaltung nicht mehr teilzunehmen schien. »Man kann doch nur eine Sache richtig machen, oder nicht?« Ich sprach jetzt in meiner Muttersprache. »Daran krankt unsere Gesellschaft doch, dass jeder von uns meint, alles zu können!«

Dann ertönten von hinten, ich hatte mich kaum umgedreht, zwei altvertraute Stimmen.

»Wir wollen ein freies England. Versteht ihr das denn nicht?«, rief Aaron.

»Guinness for the people! Independence for Scotland!« Mickey hatte Schwierigkeiten, seine Hose oben zu behalten, während er diese Schlachtrufe von sich gab.

Lulu und ich rannten, so schnell wir konnten, die Treppen zu ihrer Wohnung hoch und schlossen die Tür auf. Wir knallten auf den Boden.

»Verpisst euch, ihr fucker«, rief Lulu durchs Fenster auf die Straße.

»Genau, wir wollen schlafen«, rief ich hinterher.

Als die Geräusche, die hauptsächlich von uns kamen, endlich verstummt waren, schloss ich die Augen.

Lulu atmete schwer. Sie schluckte ein paar Mal, bis es still war. Dann tippte sie mir auf die Schulter.

»Ich muss dir was beichten«, sagte sie.

Ich war wieder hellwach. Aller Alkohol schien aus meinem Körper verschwunden. »Ich habe vergessen, zu wählen«, schluchzte Lulu.

Sie entschuldigte sich, sagte, sie hätte viel zu tun gehabt, jeden Tag müsse sie für die Miete kämpfen, jeden Tag zusehen, wie sie über die Runden komme. Sie müsse immerzu laufen, weil sie sich die U-Bahn nicht leisten könne, und dann auch noch wählen? Dafür wäre keine Zeit geblieben.

Mit allem hatte ich gerechnet, außer mit dem Offensichtlichen: England war ein Land der Politikverdrossenen. Die meisten seiner Einwohner musste man zur Wahlurne prügeln.

Lulu weinte, dann lachte sie, dann schlief sie ein. Ich strich ihr über die Haare. Was sollte ich tun? Freunde nimmt man so, wie sie sind – egal, wo auf der Welt sie leben. Auch wenn sie verdammte Stoner sind, die nichts auf die Reihe bekommen, die nicht mal ihr eigenes Land retten können.

Als ich sichergehen konnte, dass Lulu eingeschlafen war, packte ich meine Sachen und schnallte den Rucksack auf den Rücken. Ich verließ ihre kleine Einzimmerwohnung in Clerkenwell. Für mich gab es in England nach dem Brexit nichts mehr zu tun. Dieses Land war für die Union verloren.

# 4

## Ein Königreich für einen Kater

Mein Kopf brummte von letzter Nacht. Die Frau an der Rezeption des Göteborg City Hotels gab meine Daten in den Computer ein. Ich hatte noch eine halbe Stunde, bis Anna mich abholen würde.

Vor drei Jahren hatte ich sie auf der Chinesischen Mauer kennengelernt, als sie mir im Vorbeigehen einen Schluck Wodka anbot. Seitdem waren wir in Kontakt geblieben. Seit einiger Zeit reiste sie mit ihrem Freund Axel die Hälfte des Jahres durch Europa, was sie dadurch finanzierten, dass sie die anderen sechs Monate in Norwegen arbeiteten. Dort verdienten Schweden das Dreifache.

Ich legte mich ins Hotelbett und stellte den Wecker auf kurz vor halb vier. Wie hätte ich ahnen können, dass eine andere Nation genauso pünktlich ist wie wir Deutschen? Niemand hatte diesen Volkssport so sehr verinnerlicht wie wir. Niemand verstand mehr von der roten Linie, die übertreten war, sobald man sich mehr als fünf Minuten verspätet hatte.

Anna war zehn Minuten vorher da. Sie schrieb mir, dass sie im Erdgeschoss auf mich warte. Ich zog mir ein Shirt vom letzten Pub Crawl über und ging runter. Sie war einen Kopf größer als ich, und ihr wallendes Haar bauschte sich auf der Schulter zu einem Berg. Sie war blond, groß und schön.

»Es ist unsere Pflicht, ein Bier miteinander zu trinken«, sagte sie und nahm mich fest in den Arm. »Aber zieh dir bitte vorher was Passendes an, wir sind hier nicht in Kopenhagen.«

Dann lachte sie und nahm mich an die Hand.

Die Avenyn, die Hauptstraße Göteborgs, führt durch das gesamte Stadtzentrum. Als Erstes entdeckte ich einen Laden, in dem Schnapsflaschen und Bierdosen das Schaufenster zierten. Fragend schaute ich zu Anna, die sofort verstand. Es war ein Systembolaget, ein Laden, in dem jeder Schwede seinen Alkohol kauft.

Ich fragte, ob es dafür keine Supermärkte gäbe.

Sie antwortete, dass der Verkauf von Alkohol in diesem Land staatlich reguliert sei. Im Supermarkt bekäme der Schwede nur Starköl: ein leichtes Bier von unter drei Prozent.

Ich las das Schild mit den Öffnungszeiten. Am Samstag, wenn der Alkohol im restlichen Europa zum Heiligtum ernannt wird, schloss der Systembolaget zum frühen Nachmittag seine Pforten. Ich fragte mich, warum ich noch nie von diesen Läden gehört hatte. Warum der Rest Europas keinen Schimmer davon hatte, was in Schweden für eine miese Kampagne gegen den Alkohol gefahren wurde. In mir keimte eine tiefgehende Bewunderung für das schwedische Volk, das sich trotz dieser Widrigkeiten ein würdiges Leben aufzubauen wusste.

Anna schlug vor, den Laden näher anzuschauen.

Der Boden war sauber, kein Tropfen Alkohol darauf zu sehen. Selbst die Bierpaletten, die sonst jeden Konsumenten zur Randale einluden, waren nicht an einer einzigen Stelle eingerissen. Lebensmittel gab es nicht, es stand der gut situierte Trinker im Vordergrund. Fünfzehn Euro kostete der günstigste Wein im Paket.

Ich folgte Anna, zeigte dabei auf einzelne Flaschen und stellte die investigativen W-Fragen:

»Wie kann das denn dreißig Euro kosten? Das sind keine fünfhundert Milliliter!«

»Wer hat sich das denn ausgedacht? Fünfundvierzig Euro für einen Jim Beam?«

»Was soll ich denn mit einer Wodkapulle für siebenundfünfzig Euro anfangen?«

Ich schnappte mir ein Schnapsfläschchen und steckte es in die Hosentasche. Ich war verzweifelt.

»Du weißt, dass du gerade den Staat beklaut hast?« Anna stand dicht hinter mir. Viel zu dicht.

»Aber der Staat beklaut doch am Ende euch«, flüsterte ich. »Ich gebe nur zurück, was rechtmäßig euch gehört.«

»So wie Robin Hood?«, fragte Anna.

»Wie Robin Hood«, sagte ich.

Ein Angestellter, der zuvor noch Weinflaschen einsortiert hatte, kam jetzt auf uns zu. Schnell stellte ich die Schnapsflasche zurück ins Regal. Der Angestellte bot uns das gesamte Spektrum seiner Dienstleistungen. Er könne uns ebenso einen Weißwein zum Fisch empfehlen wie uns die Nummer einer Suchtklinik heraussuchen. Er wisse sowohl, welcher Gin zu welcher Festlichkeit passe, und kenne auch das Zwölf-Schritte-Programm der Anonymen Alkoholiker.

Ich fragte ihn, warum die schwedische Regierung mit Trinkern so hart ins Gericht ging.

Er erklärte, dass es Ende des 18. Jahrhunderts massive Alkoholprobleme in der schwedischen Bevölkerung gegeben hat. Sogar Kinder wurden mit Branntwein ruhiggestellt. Später sei eine Abstinenzbewegung in Schweden entstanden, der sich mehr als die Hälfte der Bevölkerung anschloss. Heute sei es zwar gesellschaftlich akzeptiert, sich am Wochenende zu betrinken – aber unter der Woche wird viel weniger konsumiert als zum Beispiel im katholischen Italien; beide Nationen gehörten jedoch zu den alkoholpermissiven Kulturen. So sei der schwedische Staat auf die Idee gekommen, die Distribution über seinen Namen laufen zu lassen und massiv Steuern auf Alkohol zu erheben.

»Und das hilft euch bei eurem Alkoholproblem?«, fragte ich.

»Wichtig ist, dass der Alkoholismus sich nicht auf die Arbeiter ausdehnt«, sagte er. »Alle können wir sowieso nicht retten.«

Er wies mich darauf hin, dass in Schweden keine Werbung für Alkohol gemacht werden darf. Auch darf ein Kellner im Restaurant dem Gast nicht aktiv einen Drink anbieten; Leitungswasser muss umsonst auf dem Tisch bereitstehen.

Ich schaute immer wieder zu Anna, die das alles nicht zu beeindrucken schien.

Der Angestellte fragte uns, ob er uns noch behilflich sein könne, eine neue Lieferung Wodka sei gerade gekommen. »Ist das nicht was für euch?«, fragte er zum Schluss.

Ich antwortete ihm, dass ich aus einem Land stamme, in dem der Wodka nur vier Euro kostet, und daher leider ablehnen müsse.

Dreißig Jahre lang war ich nun schon Europäerin und hatte nicht geahnt, was die Schweden durchmachten. Da lebten wir auf einem Kontinent, wussten aber nicht, was bei unseren Nachbarn falschlief. Ich verspürte das dringende Bedürfnis, zu trinken.

Wir kehrten in die nächste Bar ein. Das Interieur bestand nur aus Holzbänken und einer aus Stahl gefertigten Theke. Es war fünf Uhr an einem Freitagnachmittag und jeder Sitz besetzt.

Die Menschen saßen aufrecht und kontrolliert. Nicht wie Trinker, die sich aufgrund eines leichten Schwips' hinüberlehnten. Eher wie solche, die sich genieren mussten, ihre wahre Persönlichkeit nicht von der Leine zu lassen.

Mir war das unheimlich, ich versuchte, so viel Abstand wie möglich zu ihnen zu halten. Denn diese zuvorkommende und sympathische Art musste auf einem Fass an Grausamkeiten fußen. Schon bald würde einer der anwesenden Schweden zusammenbrechen und den verdrängten Tod seines Hamsters in aller Öffentlichkeit verarbeiten. Dessen war ich mir sicher.

Anna fragte mich, ob ich ein Bier wollte.

»Will der Kaiser hören, dass er Klamotten trägt?«, antwortete ich.

»Was soll das heißen?«, fragte Anna.

»Das bedeutet eine ausgesprochene Zustimmung«, sagte ich.

Anna kam mit dem Bier zurück, und wir stießen an.

Ich erkundigte mich bei ihr, wie sie als Jugendliche an Alkohol gekommen sei bei den erschwerten Bedingungen, die der schwedische Staat seinen Jüngsten auferlegte.

Anna erzählte mir von einem Studenten, der alle Jugendlichen ihres Dorfes versorgt hatte. Am Freitag nahm er Bestellungen an, die er wiederum an seine Hintermänner weitergab, damit nicht auffiel, dass ein einziger Typ den Systembolaget im Dorf leer kaufte. Danach sprudelten alle möglichen Geschichten über ihre Kindheit heraus; am Ende eröffnete sie mir, dass sie nach Australien gehen wolle. Sie wäre jahrelang mit Axel durch Europa getuckert, jetzt brauche sie was Eigenes. Außerdem wolle sie zur Abwechslung eine Kultur kennenlernen, die ausnahmsweise nicht 2000 Jahre alt war. Dann erzählte sie eine zweistündige Doku über Kängurus nach. Aber das alles störte mich nicht, denn Alkohol hat eine entscheidende Nebenwirkung: Er macht Dinge interessant. Selbst die längste Geschichte der Welt wird unter Alkoholeinfluss zu einem Arthouse-Film mit cleveren Wendungen und einer russischen Geheimagentin, die sich am Ende als deine Mutter herausstellt.

Ich wollte die nächste Runde Bier holen. Dafür stellte ich mich vorne an. Die Schweden waren zu höflich, um zu protestieren, und ich zu angetrunken, um meine Dreistigkeit zu hinterfragen. Ich fragte den Barkeeper nach seinem billigsten Bier und bekam prompt zwei Norrlands Guld vor die Nase gestellt. Umgerechnet zahlte ich sieben Euro für beide. Nicht schlecht für ein Land, das die Steuern dreimal höher ansetzte als den Alkohol selbst.

»Weißt du übrigens, wo man richtig billigen Stoff bekommt?« Anna nahm gierig das neue Bier in Empfang.

»In Deutschland?«, fragte ich.

»Quatsch.« Anna empfahl mir, eine Fähre von Göteborg aus nach Frederikshaven zu nehmen. Sobald die Grenze zu Dänemark erreicht wäre, würde ich im Bordshop den Schnaps für einen Spottpreis bekommen.

Nach einer kleinen Anstandspause erkundigte ich mich nach weiteren Instruktionen.

Anna erklärte mir, dass ich hundertzehn Liter Bier und zehn Liter Sprit nach Schweden einführen durfte. Niemand würde dies hinterfragen, ich wäre da absolut sicher, es gäbe keinen einzigen Schweden, der in so einem hässlichen Ort wie Frederikshaven Urlaub machte. Absolut jedem ist klar, was auf diesen Schiffen abging, ich wäre dort unter Freunden. Ich zückte mein Handy und buchte innerhalb weniger Minuten eine Fähre nach Dänemark. Ich würde am frühen Morgen losfahren und nach drei Stunden in Frederikshaven ankommen. Dort hatte ich fünfundvierzig Minuten Aufenthalt, bis ich wieder nach Göteborg zurückmüsste.

Ich beobachtete Anna dabei, wie sie, einer Fähre gleich, stürmisch und mit mehreren Ausschlägen die Theke erreichte, um uns zwei Wasser zu holen. Nachdem wir diese ausgetrunken hatten, hielt Anna mir meine Jacke hin. Um sieben waren wir mit Axel zum Essen verabredet. Sie zog mich hinter sich her wie einen Fährdampfer, der eine hohe Welle passiert hatte und am anderen Ende brutal aufschlägt.

Axel öffnete die Tür. »Wie schön ...«, wie damals in China machte er immer noch lange Pausen, wenn er sprach, »... dich wiederzusehen.« Überall in der Wohnung standen kleine Lampen, die so brillant eingesetzt waren, dass mir der Raum hell erschien, obwohl eine Deckenlampe fehlte.

»Wir zahlen, im Gegensatz zu den anderen Studenten ...«, ich schaute gespannt auf Axels Mund, aus dem bald der Rest des Satzes herauskommen sollte, »... ziemlich wenig Miete.«

Ich plapperte drauflos, sagte ihm, dass man sich in Frankfurt gar nichts mehr leisten konnte. Dass es in den anderen deutschen Großstädten auch nicht besser aussah und dass sich die Situation so schnell nicht ändern würde.

»Das ist ...«, Axel dachte eine Weile nach, »... erschreckend.«

Ich griff der schwedischen Höflichkeit vor und setzte

mich an den großen Esstisch im Wohnzimmer. Darauf standen für jeden von uns ein tiefer und ein flacher Teller, und in der Mitte stand eine große Flasche Alkohol. Anna erklärte mir, dass Axel uns ein traditionelles Donnerstagabendessen gekocht hatte, das besonders bei Studenten beliebt sei. Am Anfang würde es Erbsensuppe mit Senf geben, danach Pfannkuchen mit Sahne und Marmelade, und am Ende trank man literweise Arrak.

»Und das machen echt alle Studenten so?«, fragte ich nach.

»Alle. Außer die Hardcore-Elite«, sagte Anna. Das sei eine militante Straight-Edge-Gruppe, die sich und anderen jeden Spaß aus Gründen der politischen Korrektheit verbot. Vor denen sei ich hier aber sicher.

Anna schlug vor, dass wir entgegen der Tradition mit dem Arrak anfingen. Sie zeigte auf die Karaffe mit türkisfarbenem Etikett und goldenem Logo. Es war ein indonesischer Arrak, angereichert mit Zucker und Gewürzen und gehörte zu den ältesten Spirituosen der Welt.

Anna erklärte, dass er vor Jahrhunderten von schwedischen Seeleuten importiert worden war, damit schwedische Dummköpfe ihn heutzutage an Donnerstagabenden in sich reinschütten konnten.

»Dann will ich mal mit dieser Tradition nicht brechen«, sagte ich und hielt mein Glas an die Flasche. Ich ließ beide Behältnisse aneinanderklingeln, mehrmals, als energisches Zeichen, dass ich verdurstete. Aber niemand erhörte mich, niemand machte Anstalten, mir einzugießen.

Stattdessen eröffnete Anna Axel, dass ich morgen nach Dänemark fahren würde. Sie nannte ihm Abfahrtszeiten und das Fährunternehmen. Die Schweden schienen es mit allem sehr genau zu nehmen. Ich widmete mich derweil meiner Suppe, parallel biss ich vom Pfannkuchen ab. Als ich wieder hochschaute, standen die beiden vor mir; zwischen uns gab es keinen halben Meter Abstand. Sie schwiegen wie eine Sekte, die sich zusammengefunden hatte, um mich zu bekehren. Waren sie am Ende doch Teil der Hardcore-Elite?

Ich legte meinen Löffel ab. Es war spät, ich war müde, und es gab nicht viel, was der Tag mir noch bringen konnte. Außer dieses Schauspiel vielleicht.

Axel ergriff als Erster das Wort. Er pries mir eine leere Flasche Havanna Club an. »Kennst du die?«, fragte er.

Mein Gott, was dachten die denn, wie ich die Wochenenden überstehe? Mit Yoga-Workshops und Life-Work-Balance-Seminaren?

Anna zog einen Stuhl heran, auf den sie sich verkehrt herum setzte. Zum Glück gab es hier keine Tischlampe, die sie auf mich richten konnte. Sie zeigte auf eine leere Tequilaflasche und erklärte mir, dass sie den Weißen bevorzuge. »Egal, was du tust. Bring mir bloß nicht den Braunen mit.«

Ich sprach für die scheinbar stark dehydrierten Schweden die zwei magischen Worte: »Kein Ding.«

Die Situation hatte sich entspannt, nachdem ich mich als Mittelsfrau angeboten hatte. Nun wollte ich das Land mit meiner unendlichen Alkoholweisheit kolonialisieren, wollte Goldstatuen von mir errichten lassen, mich als Botschafterin für alkoholische Angelegenheiten aufspielen.

Axel legte eine kleine Dose auf den Tisch. Dann schraubte er die obere Hälfte ab. Kleine Säckchen, die auf den ersten Blick aussahen wie Kaugummis, kamen zum Vorschein. Eines schob er sich unter die Oberlippe.

Ich nahm auch eines der Säckchen heraus und schob es unter die Lippe, bevor Axel die Öffnung wieder zudrehen konnte. In Schweden musst du dir alles selbst nehmen, angeboten wird dir nichts. Alles viel zu teuer. Ich hustete, es fühlte sich an, als hätte ich drei Jahre nicht mehr geraucht. Flüssigkeit schoss mir durch die oberste Zahnreihe. Langsam sackte der Tabakgeschmack ein, und ich bemerkte, wie er mein Bewusstsein einlullte.

Anna erzählte, dass die Europäische Union für die Schweden mit dem Snus eine Ausnahme gemacht hatte: Die Tabaksäckchen blieben mit dem Eintritt Schwedens im Land erlaubt, obwohl sie überall sonst auf dem Kontinent verboten sind. Plötzlich wurde mir schlecht. Ich entschuldigte mich, schließlich hatte ich einen anstrengenden Tag in Dänemark vor mir. Zu einer Umarmung ließ sich das Spirituosenduo noch hinreißen, dann drückten sie mir die leeren Flaschen in die Hand als Erinnerung an das, was ich mitbringen sollte.

Anna reichte mir den Mantel. »Komm gut nach Hause und vergiss nicht unsere Party morgen Abend. Das Motto ist Glitzer. Du bringst doch den Alkohol mit, oder?«

Am nächsten Morgen tauchte ich in den Straßenlärm unter, eine Möwe streifte meine Jacke. Ich suchte nach der Straßenbahn, die mich zum Hafen bringen sollte, und sah sogleich, wie sie an mir vorbeifuhr: ein passiv-aggressiver Akt im Land der Dauerfreundlichen.

Ich entdeckte ein paar Tageszeitungen in einem Automaten aus Glas und nahm mir eine heraus. Ich tat geschäftig, schließlich arbeitete ich hier für den Völkerfrieden. Ich fand eine englische Anzeige von einem Busunternehmen, das Touristen nach Dänemark fuhr, damit sie dort Alkohol kaufen konnten. Eine gesamte Ferienindustrie hatte sich auf die Sauftouristen eingestellt. Unter der Anzeige las ich das Wort

Superslut. Ich faltete die Zeitung wieder zusammen. Ich wollte gar nicht wissen, was das zu bedeuten hatte.

Ich nahm die nächste Bahn und stieg am Hafen aus. Am Horizont sah ich das Logo des schwedischen Fährunternehmens, das mich nach Dänemark befördern sollte. Ich lief über die Straße auf einen riesigen Parkplatz. Lastwagen reihten sich für das untere Deck ein. Ich ging in das riesige Gebäude zum Einchecken, wenige Treppen führten mich zum Schalter.

KIEL stand fett über dem Tresen.

»I am going to Frederikshaven at 9.30«, erklärte ich dem Mann hinter dem Glas mein Anliegen.

»There is no ferry at that time«, antwortete er. Offenbar hatte er seinen ersten Kaffee noch nicht gehabt.

Ich schaute auf die Ikea-Wanduhr über seinen Schultern, die mir kurz vor neun anzeigte. Diese dämliche Uhr gab es überall in Europa, fast in jeder gottverdammten Küche und offensichtlich bei jedem Fährunternehmen. Und diese Uhr hatte nichts Besseres zu tun, als mir eine Zeit anzuzeigen, die ich ganz und gar nicht gebrauchen konnte.

Der Morgenmuffel schaute in seinen Computer. Dann erklärte er mir, dass sehr wohl eine Fähre nach Frederikshaven fahren würde, ich aber innerhalb von zehn Minuten am anderen Hafen sein musste, weil sie von dort abfuhr.

Zum anderen Hafen. Natürlich. Ein organisierter Schwede hätte das wahrscheinlich gewusst.

Ich rannte die Treppen herunter, vorbei an der Lastwagen-Schlange. Hundert Meter weiter leuchtete ein gelbes Schild auf, und schon von Weitem rief ich dem Taxifahrer zu, wo ich hinmusste.

Wir rasten am Hafen entlang. Ich traute mich kaum, auf die Uhr zu schauen. Sprunghaft wie ein Taubenkopf rutschte ich von einer zu anderen Fensterseite. Ich biss mir auf den Daumen, Blut trat aus, bis wir endlich anhielten.

Ich reichte dem Fahrer meine Kreditkarte und bat ihn, sich ein Trinkgeld von zehn Prozent auf den Fahrpreis von dreißig Euro aufzurechnen. Er tippte zehn Kronen ein, was umgerechnet etwa einem Euro entsprach. Dennoch winkte er mir zum Abschied. Mir fielen spontan fünf osteuropäische Länder ein, wo ich für so eine Nummer eine Backpfeife kassiert hätte.

Ich lief an einer Frau in Marineuniform vorbei. »Good morning, Madam. Please hurry and have a lovely, lovely day!«, rief sie mir hinterher. Da wurden die Schwedinnen doch leicht ungehalten bei solch dreister Unpünktlichkeit. Ich sprintete durch den Sicherheitscheck und schaffte es als Letzte aufs Schiff.

Unter Deck sah ich, wo sich das wahre Leben abspielte: direkt vor dem Bordshop.

»Wir machen erst auf, wenn die Seegrenze zu Dänemark erreicht ist«, erklärte eine junge Frau den Wartenden. Aber keiner bewegte sich vom Fleck.

Ich lugte in die Hallen hinein. Im hinteren Segment des Bordshops standen Schnapsflaschen und Bierpaletten. Vorne gab es Souvenirs und Süßigkeiten. Hier würde es mich noch früh genug hinziehen, spätestens auf dem Rückweg. So lange würde ich mit den Passagieren reden, die hergekommen waren, um sich mit einer gehörigen Menge an Bier und Sprit einzudecken. Ich suchte meinesgleichen.

An der Bar des Schiffes hatte sich eine Schlange aus Männern mittleren Alters gebildet. Ich stellte mich dazu für die Frauenquote.

Dans Frukost stand auf einem Schild neben mir.

Für 165 dänische Kronen, knapp 22 Euro, sollte ich ein Pint Bier, einen Jägermeister und ein paar Krabben auf einem Knäckebrot bekommen. Der Nährwert war gleich null, aber insgesamt klang das erfrischend für meinen Magen.

Ich setzte mich mit meinem Frühstück in einen der Retro-Kugelsessel. Die Krabben nahm ich vom Brot herunter, noch bildete ich mir ein, Vegetarierin zu sein.

Die Stühle zeigten alle in Richtung einer Bühne, die von einem violetten Samtvorhang verdeckt war. Darüber hing eine Discokugel.

Ich tauchte mit der Oberlippe in den wohligen Schaum, roch am Jägermeister und schluckte schließlich das Bier in schnellen Zügen. Die Erinnerungen meiner letzten Abende wurden durch mich und in mir wieder lebendig, ganz genau wie bei Jesus Christus.

Einen Tisch weiter saßen vier Männer, die Spielkarten in den Händen hielten. Sie lachten, schmissen die Karten nacheinander auf den Tisch. Zwischendurch nahmen sie einen Schluck Bier.

Neben ihren Stühlen standen klappbare Transportwagen. Sie waren leer, hatten einen blauen, roten und weißen Anstrich. Ich fragte mich, wozu diese auf dem Schiff gebraucht wurden. Ich ging auf die Herren zu, und vier bärtige Gesichter schauten zu mir hoch, als ich sie ansprach.

Unmissverständlich zeigte ich auf die Wagen, die besser auf einer Baustelle aufgehoben gewesen wären. Überall besser als auf einer Fähre in Richtung Dänemark, auf der junge Familien und Rentner durch das Frontfenster auf das tosende Meer schauten.

Einer klärte mich auf und sagte, dass da genau sechs Bierpaletten draufpassten. Das sei der wahre Grund für die Existenz dieser Wunderwerke.

Ich wartete, dass er mich zu dem Kartenspiel einlud, ich mochte nicht mehr alleine trinken, wollte mich bei diesen Männern zu Hause fühlen. Außerdem brauchte ich Sponsoren für die Rückfahrt.

»Du bist doch kein Cop?«, fragte mich ein anderer.

»Ein Cop?« Ich lachte laut, viel zu laut. »Sehe ich so aus wie eine, die mit den Bullen sympathisiert?«

Die Männer nickten. Ich musste dringend an meinem Image arbeiten.

Ich schaute zu einem Tisch hinter uns, an dem ein paar ältere Schweden saßen. Aus ihren Multifunktionsjacken zogen sie Gummibänder heraus, um die optimale Stützkraft für ihre Transportwagen auszumessen. Einer nahm gerade eine Wasserwaage zur Hand. Ich entdeckte immer mehr Transportwagen auf dem Deck, am Ende kam es mir vor, als wäre ich von ihnen umzingelt.

Ich verabschiedete mich von den Männern und setzte mich wieder in meinen roten Kugelsessel. Mein Bier hatte ich vernichtet, der Jägermeister stand wie eine Drohung vor mir. Der Zeitpunkt würde noch kommen, wo er von Nutzen sein würde. Hinter mir schnellte der samtige Vorhang zurück. Ein Musiker mittleren Alters stand erwartungsvoll vor uns, als seien wir diejenigen, die ihm eine Show zu bieten hatten. Er hielt eine Gitarre vor den Bauch, um den Kopf war eine Mundharmonika geschnallt. Offenbar wollte er Bob Dylan nachahmen, was ihm einigermaßen gelang: Seine Stimme klang unausgebildet, schnorrig, säuselig.

Ich kippte den Jägermeister runter. Langsam wurde ich depressiv. Ich hatte kaum etwas aus den Anwesenden herausbekommen, und der Bordshop hatte noch nicht mal geöffnet. Mein Leben hatte kurzzeitig keinen Sinn mehr.

Dann gesellte sich eine Gruppe junger Studentinnen zu mir. Sie verteilten ihre Bücher auf dem Tisch, verbargen ihre Köpfe dahinter. Aber mich konnten sie nicht reinlegen. Ich kannte das aus meinen eigenen Unizeiten: Studenten freuen sich über jeden, der sie vom Lernen abhält. Es ist ihnen ein Gräuel, überhaupt zu lernen, sie hassen das Lernen an sich. Gegen eine Unterhaltung hatten sie sicher nichts einzuwenden.

»Na, wollt ihr auch Alkohol kaufen?«, fragte ich.

Ein paar Blicke erhoben sich kurz aus den Büchern, senkten sich aber wieder.

»Ich bin nicht von der Polizei«, erklärte ich schnell. Ich fühlte mich wie ein Dreißigjähriger auf einem Kinderspielplatz, der sich an junge Mütter heranschleicht und sagt: »Ich bin kein Pädophiler, nur dass Sie Bescheid wissen.«

Lässig ließ ich mich in einen Kugelsessel neben sie fallen. Eine der Studentinnen schaute aus ihrem Buch hervor. Sie klärte mich auf, dass sie für eine wichtige Prüfung lernte und keinerlei Störung wünschte.

Ich sagte ihr, dass ich nur ein paar Fragen hätte und gleich wieder weg wäre.

Sie beriet sich mit den anderen. Dann klappten alle in der gleichen Sekunde ihre Bücher zu.

Ich war bereit, mein Interview durchzuführen und ließ den Jägermeister auf mich wirken: Er war Nebenbuhler der Unterhaltung, keinesfalls ihr Treiber. Ich fragte die Studentinnen, warum sie keine Transportwagen mit sich führten.

Eine, die wochenlang ihre Haare nicht gewaschen zu haben schien, zog eine blaue Ikea-Tasche aus ihrem Rucksack. »Da bekommen wir einiges rein«, sagte sie.

»Sind das Plastiktüten?«, fragte ich. »Denkt ihr nicht an die Umwelt?« Ich wusste unlängst, mit wem ich es hier zu tun hatte. Das hier musste die wahre Hardcore-Elite sein. Ihre widerwärtige Moral sprang mir in jedem Ton, den sie von sich gaben, entgegen.

»Die sind aus Polypropylen«, riefen die Mädchen im Chor. »Das ist etwas vollkommen anderes.«

Ich räusperte mich, machte Anstalten aufzustehen.

»Ich bin übrigens doch von den Cops«, flüsterte ich. »Und wenn ich euch nur einen Liter Bier zu viel einstecken sehe, seid ihr dran.« Ich stand auf und hatte Mühe, mich aufrecht zu halten. Ich kämpfte mich in Richtung der Rentnertruppe vor, zog mich an den Kugelsesseln der Kartenspieler entlang; mir doch egal, was diese skandinavischen Urlaubs-Alkoholiker von mir hielten. Der Bob Dylan für Arme spielte »Knocking on Heaven's Door«. Eine lächerliche Wahl bei allem, was Bob der Menschheit hinterlassen hatte. Moment, war der überhaupt schon tot?

Ich visierte mein letztes Ziel an. Hinter der Rentnertruppe sah ich einen riesigen Felsen, auf dem mehrere Häuser standen. Wir hatten die viel zu trockene Überfahrt geschafft. Ich richtete mich an eine ältere Frau, die einen Vorgang zu überblicken schien. Hinter ihr schnallten ein paar Herren in Cordhosen Bierpaletten auf die Transportwagen.

Ich fragte sie höflich, warum sie ihren Alkohol nicht im Systembolaget kaufen würden. Als Rentner müsste man in Schweden doch nicht sparen.

Die Frau ließ mich in perfektem Englisch wissen, dass sie aus Prinzip keine Tausende von Kronen für ein paar Flaschen Wein ausgeben würde und in ein paar Tagen stünde ihr achtzigster Geburtstag an. Sie fuchtelte mit der Hand in Richtung der Rentnertruppe. Einer kam auf sie zu, flehte sie mit seinen Blicken an. Sie zückte einen Schein aus ihrer Tasche und winkte ihn fort.

»Debbi!«, rief sie dann einer älteren Dame auf einem Hocker zu, die daraufhin angsterfüllt aufstand und sich einen Transportwagen schnappte.

Ich fragte die Frau, ob sie sich nicht etwas dazuverdienen könnte, wenn sie für junge Berufstätige oder Teenager nach Dänemark fahren würde.

»Ich würde einen Teufel tun, um daraus ein Business zu machen«, sagte die Frau mit niederträchtigem Blick. »Ich habe meinen Stolz, was das angeht. Ich kaufe den Alkohol nur für meinen achtzigsten Geburtstag, wie gesagt.« In diesem Moment zog sie wieder ein paar Scheine aus der Bauchtasche und rief einen ihrer Schergen heran.

Das Schiff wurde langsamer, ich hielt mich am Sessel fest.

»Sie haben mich hier nie gesehen«, sagte die Frau und war in der nächsten Sekunde verschwunden.

Ich platzierte die beiden Flaschen, die ich für Anna und Axel im dänischen Bordshop für satte vierzig Euro erstanden hatte, wie einen Blumenstrauß in meinen Armen. Billig war für mich etwas anderes, aber für die Schweden musste der Preis günstig anmuten.

Anna öffnete die Tür. Sie trug ein langes, schwarzes Kleid. Ihre Augenbrauen hatte sie mit rotem Glitzer angemalt.

Axel kam ebenso zur Tür gelaufen, so schnell hatte ich ihn gar nicht in Erinnerung. Sofort nahm er mir die Last ab.

Überschwänglich bedankten sie sich bei mir und stimmten ein schwedisches Trinklied an. Ich hatte bei dem ganzen Kaufstress allerdings mich selbst vergessen. Es war kurz vor fünf, ich hatte keinen Alkohol in der Hand, und bei allem, was ich über die Schweden wusste, stand in einer Minute die gesamte Partygesellschaft auf der Matte.

»Warum trefft ihr euch immer so früh?«, fragte ich Anna. »Wir brauchen Zeit zum Vorglühen«, sagte sie. »Den Alkohol in den Clubs kann sich doch kein Schwein leisten.« Es klingelte. Ein Mädchen mit langen Haaren und einer Pudelmütze stellte sich als Linda vor. Nach und nach trudelten auch die anderen Gäste ein. Sie waren allesamt mit Glitzer bemalt, trugen Glitzerröcke und bunte Jacken. Anna hatte mir derweil eine Glitzerkrawatte umgebunden. So saß ich trostlos auf dem Sofa im Wohnzimmer und beweinte mein nüchternes Schicksal: Wusste ich doch längst, dass Schweden ihren Alkohol mit nichts und niemandem teilten. Linda war eine Ausnahme. Sie reichte mir eine Bierdose. Dabei bemerkte ich, dass sie schon eine gehörige Fahne hatte. Ich fragte sie, woher sie ursprünglich käme, und sie sagte, dass ihre Eltern aus Norwegen stammten. Sie erkundigte sich, wie ich Göteborg fand. Ich sagte, dass ich positiv überrascht sei. Dabei fand ich die Stadt gar nicht so toll. Je mehr ich von dem Bier trank, desto mehr empfand ich es aber: Göteborg als einzige Stadt der Welt, die es mit jenen von Weltrang aufnehmen konnte. Besser als London, Barcelona und Stockholm zusammen, ach was, unglaublicher als die Vereinigten Staaten von Amerika.

»Wir waren letztes Jahr in New York.« Ein junges Paar gesellte sich zu uns. Sie war die vielleicht hübscheste Schwedin, die ich je außerhalb der schwedischen Nationalmannschaft gesehen hatte, und hieß Tulva. Ihr Freund lächelte bei der Begrüßung so charmant, dass ich über seine unebene Halbglatze gut und gerne hinwegsehen konnte. »Olaf«, stellte er sich vor. Dies musste die schwedische Variante von Zelda und F. Scott Fitzgerald sein.

»Hast du schon mal von den Sverigedemokraterna gehört?« Ich schien hier unter kultivierten Menschen zu sein, es ging schneller um Politik, als ich Rechtsruck sagen konnte.

Olaf schaute mit schmerzverzerrtem Gesicht auf seine Schuhe, beantwortete sich die Frage selbst. Er wisse ganz genau, warum diese rechtsnationalen Schweine immer mehr Stimmen gewannen: Weil die Menschen auf dem Land sich nicht an das liberale Stadtleben gewöhnen wollten.

Tulva erzählte, dass, wenn sie mit ihren Freunden aus Malmö feiern gehen würde, die Jungs ihr permanent an den Hintern fassten. Sie kippte den Wein, den sie eben noch galant in der Hand gehalten hatte, in einem Zug weg. »Die reinsten Antifeministen«, sagte sie.

»Aber was sollen wir tun?«, fragte Olaf. »Die Schweine sitzen schon im Parlament.«

Anna kam jetzt mit einem Tablett aus der Küche, auf dem zwanzig Schnapsgläser standen. »Den hat Axel für euch gemacht«, rief sie, und wir jubelten wie schwedische Seefahrer bei der Entdeckung des Arrak.

Olaf nahm als Erster ein Glas und prostete uns gönnerhaft zu. »Das ist schwedischer Kaffeepunsch«, sagte er.

Ich fragte ihn, was in dem Schnaps alles drin war.

»Kaffee, Rum, Portwein, Zucker und ein Schlag Sahne. Perfekt zur fika.«

»Dazu fühle ich mich nicht bereit, Olaf«, säuselte ich. Aber den Schnaps trank ich dennoch. Ich hatte einiges aufzuholen.

Anna scheuchte uns aus der Wohnung, sie hatte Angst, den letzten Bus in die Stadt zu verpassen. Auf dem Weg zur Haltestelle hakte Linda sich bei mir unter. Ihre Fahne stach deutlicher heraus als zu Beginn des Abends. Sie begann von ihren Eltern zu erzählen und dass sie kürzlich den Kontakt zu ihnen abgebrochen hatte. Linda weinte. Sie sagte, dass ihre Mutter sie nicht einmal im Kindergarten hatte anmelden können, so voll war die immer gewesen.

Ich nahm sie in den Arm, strich ihr über die Haare, obwohl ich sie kaum kannte. Jetzt lachte Linda wieder, sie gluckste auf. Dann nahm sie einen Schluck aus einem Flachmann, den sie sich aus der Jackentasche zog. Darin war ihr Name eingraviert. Sie überreichte ihn mir, nachdem sie selbst einen großen Schluck daraus genommen hatte.

»Es tut mir leid, was dir passiert ist«, sagte ich. Ich zog den halben Inhalt weg.

Was, wenn ich selber einmal so werden würde? Wenn ich den Alkohol weiterhin viel zu leicht nehmen und als Allheilmittel für meine Probleme ansehen sollte? Würde ich dann so enden wie die Schweden, die mit ihrem Konsum unter permanenter Kontrolle standen?

Anna kündigte eine Abstimmung an. Wir sollten uns auf mehrere Clubs aufteilen, damit wir uns nicht auf eine Musikrichtung einigen mussten.

Ich warf ein, ob es nicht reichen würde, dass wir alle sturzbetrunken waren; wir konnten doch einfach zusammenbleiben.

»Wir sind ein demokratisches Land«, schimpfte Anna. »Hier wird jede Stimme gehört. Nicht wie bei euch mit eurem Hitler.«

Mir wurde schwummrig, der Schnaps stieg mir zu Kopf. Ich sah die Schlange schon von Weitem. Es war kurz nach

Mitternacht, wir warteten eine halbe Stunde, bis wir reindurften.

Auf der Tanzfläche, die mit einer schwachen, blauen Lampe ausgeleuchtet war, tummelte sich die komplette Einwohnerschaft Schwedens. Ich zückte mein Bargeld und ging zur Theke. Die war vollkommen leer.

Ich bestellte einen Gin Tonic.

»Hier kannst du nur mit Karte zahlen«, sagte die Barfrau. Ich schaute lieber nicht auf die Quittung, die sie mir danach überreichte, und dachte, dass niemand in Europa Bargeld so sehr liebte wie wir Deutschen.

Ich ging auf die Tanzfläche. Neben uns steckten sich die Menschen reihenweise Snus unter die Oberlippe, als würden sie eine Pille nach der anderen schmeißen.

Anna grinste mich an, nahm mich in den Arm und beichtete mir, dass ich die Schwester war, die sie nie hatte. Dann ging sie zu Linda und sagte ihr vermutlich das Gleiche auf Schwedisch. Ich tanzte eine Weile. Bis ich eine Hand auf meiner Hüfte spürte. Ich stockte, während die Musik munter weiterlief.

Zwei andere Typen begrabschten jetzt auch Anna und Tulva, das sah ich aus dem Augenwinkel.

Beide Frauen diskutierten aufgeregt mit den Männern. Sie wurde immer lauter, aber die Männer wollten nicht verschwinden.

Linda eilte zu Hilfe. Sie schrie so laut, dass alle drei auf einmal das Weite suchten.

»Habe ich dir doch gesagt«, schrie Tulva in mein Ohr. »So sind die Jungs vom Land, wenn sie Ausgang haben.«

»Hättet ihr nicht Olaf oder Axel rufen können?«, schrie ich zurück. »Das war saugefährlich.«

Sie schaute mich an, als hätte ich eine Seerobbe geschlachtet. »Das schaffen wir schon alleine«, sagte sie. »Meinst du nicht?«

Tulva tanzte weiter, ungestraft, ihre dunkelblauen Augen ruhten auf den meinen. Ich glaubte, dass ich mich längst in sie verliebt hatte, wie man sich in schwedische Frauen nur verlieben kann, weil sie einem das Gefühl geben, jemand Besonderes zu sein unter sieben Milliarden Menschen. Dass man etwas wert ist in dieser Welt, in der einem jeder an den Arsch will; in der sich die eigenen Eltern totsaufen und man alleine in einem von Gott verlassenen Hotelzimmer schlafen muss, und das vielleicht für den Rest seines Lebens.

Anna blieb vor einer Wurstbude stehen. Wir waren nicht weit von meinem Hotel entfernt.

Axel zückte sein Portemonnaie, er wollte mich einladen.

»Ist ein Kebab okay?«, fragte er.

»Trägt der Kaiser im Sommer blaue Socken und ist dann nackt?«, antwortete Anna für mich.

Axel schaute sie fragend an.

»Das bedeutet eine absolute Zustimmung«, klärte ich ihn auf.

Wir mampften, vergaßen für eine Weile zu sprechen. »Ich bin eigentlich Vegetarierin«, sagte ich dann und biss herzhaft in den Kebab.

Anna reichte uns kleine Wodkaflaschen.

»Wenn ihr auf eurer nächsten Europatour mal in Frankfurt seid«, gab ich einen Trinkspruch, »dann kommt ihr zu mir. Dann pennt ihr bei mir. Alle. Ganz Schweden soll bei mir pennen. Hier, Dings, Tulva und Olaf auch. Und Linda sowieso.« Ich wandte mich an einen Obdachlosen. »Wie heißt du noch mal? Egal, du auch.«

So verabschiedete ich mich von den Anwesenden, indem ich mich in ihre offenen Arme schmiss und dort verweilte. Dann folgte ich dem Nachtbus in Richtung meines Hotels. Dort angekommen, schleppte ich mich in den zweiten Stock. Ich ließ die Zimmerkarte über den Sensor gleiten. Es war dunkel und kalt.

# 5

## Amster-damn

Zwei Nächte war ich von Göteborg in einem Fernbus unterwegs. Bereits in der ersten waren meine Nasenhaare eingefroren, weil die Klimaanlage zu kalt eingestellt war. Ich hatte den Busfahrer gebeten, die Heizung aufzudrehen, aber er reagierte wie ein Dorf-DJ auf einen Songwunsch: nämlich gar nicht.

Ich stieg in Übergangsjacke aus dem Bus. In Schweden hatte es keinen Sommer gegeben, und über London brauchen wir nicht zu sprechen. Aber als ich in Amsterdam Sloterdijk aus dem Bus stieg, waren es über dreißig Grad. Dabei hatte ich den Kontinent nicht mal verlassen.

Ich musste zur Seite springen, ein Fahrrad streifte mich auf dem Weg. Ich konnte es selbst kaum glauben, aber alles, was man über die Niederländer und Fahrräder sagt, ist wahr. Keine andere Nation ist dazu bereit, dich mit ihren Speichen zu massakrieren, dich angefahren am Straßenrand elendig verrecken zu lassen.

Ich musste mich vor der niederländischen Population verstecken und schaffte es, in eine Tram zu entkommen.

»I have to go to Amsterdam Central«, erklärte ich dem Schaffner, der im hinteren Teil der Tram in einer kleinen Box saß und offenbar die lästigen Anfragen vom Fahrer fernhielt.

»Sure thing«, sagte er in geübtem Englisch. Dann eröffnete er mir drei verschiedene Wege, die ich nehmen konnte, um dort hinzukommen. Dabei lächelte er unentwegt.

In Deutschland bin ich mit dem Wissen aufgewachsen, dass Schaffner herzlose und partiell rassistische Arschlöcher sind. Ich war über seine Freundlichkeit höchst verwirrt und flüchtete in den vorderen Bereich der Tram. Den Rucksack ließ ich vorsichtshalber angeschnallt. Ich las alle Schilder und Werbeplakate, die in der Bahn angebracht waren. Mir fehlte eine stabile Internetverbindung, um mich abzulenken.

An der nächsten Haltestelle stiegen zwei Sizilianer ein. Das hörte ich an ihrer Aussprache: Sie kommunizierten, als lägen Steine in ihrem Unterkiefer. Sie sinnierten darüber, dass die einzige Alternative zur niederländischen Küche Pizza und Pasta waren. Und dachten nicht im Traum daran, woanders zu essen als beim hiesigen Italiener. Hatte ich noch tagelang nach landestypischen Spezialitäten im Internet gesucht, machte der Süditaliener sich diesen Stress erst gar nicht. Für ihn war in jedem Land der Welt klar, wo das Abendessen auf ihn wartete: bei Francesco um die Ecke.

Der Schaffner rief mir zu, dass ich aussteigen müsse. Er wünschte mir einen schönen Tag. Panisch flüchtete ich aus der Tram. Dabei wurde ich fast von einem zweiten Rad angegriffen. Dieses Land bot so viele Tücken, dass es kein Wunder war, dass sich die Hälfte der Einwohner regelmäßig zudröhnte.

Bos en Lommerplein. So hieß der Stadtteil, in dem ich mein Hostel gebucht hatte. Kaum eine vergleichbare Stadt in Europa verlangt so viel für so wenig: 75 Euro hatte ich für ein Bett in einem Sechserzimmer nicht weit von Haarlem bezahlt. In mir verlangte es nach dem berühmten Stoff, zu dem ich in Deutschland keinen Zugriff hatte:

Im ersten Laden, den ich sah, besorgte ich mir eine Dose Chocomelk. Als ich diese genüsslich auf dem Gehweg trank, fiel mir oberhalb der Baumkronen ein Schild auf.

DNA-Spray stand in großen Lettern darauf. Darunter war eine Zeichnung eines Strichmännchens, das die Hände gen Himmel hob. Wen sollte ich fragen, was das bedeutete? Auf der Straße waren viele westeuropäische Frauen in Burka unterwegs, denn ihre Haut war weißer als meine und ihr Gang offen und freundlich. Eine Frau in einer roten Burka – so etwas hatte ich in meinem Leben noch nicht gesehen – schien auf eine Gruppe Kinder aufzupassen, die auf einem anliegenden Spielplatz herumturnten.

»Was zur Hölle ist dieses DNA-Spray?«, sprach ich sie an, wobei mir sogleich bewusst wurde, dass die Hölle für sie eine andere Bedeutung hatte als für mich.

Sie lächelte freundlich, ihr Blick ruhte aufmerksam auf den Kindern. Ich konnte ihre hellblauen Augen gut erkennen und auch alle üblichen Anzeichen von Menschlichkeit.

»Du wirst mit diesem Spray besprüht, wenn du klaust«, sagte sie. »Das ist dann unter ultraviolettem Licht sichtbar, wenn du von der Polizei erwischt wirst.«

Ich fragte sie, ob Diebstähle in dieser Gegend häufig vorkämen.

Sie nickte zaghaft, dann drehte sie sich wieder zu den Kindern. »Bevor die Yuppies hergekommen sind, war alles besser hier«, flüsterte sie. »Und günstiger.«

Ich folgte einer Müllspur und ging an Bungalows mit dunklen Vorhängen vorbei. Kleinere Läden und Kioske umzäunten den größeren, aus dem ich gerade gekommen war. Die

Gegend erinnerte mich an die ärmeren Viertel Londons, an die Tower Hamlets oder White Chapel, deren Einwohner sich ebenso abgeschottet hatten und deren wertvollstes Gut ihre Privatsphäre war.

Nach einigem Herumirren fand ich das Gebäude, das ich auf der Internetseite bereits gesehen hatte. Für den Preis, den ich bezahlt hatte, bot das Hostel nicht mehr als das Charisma einer Turnhalle. Selbst die Lobby wirkte wie eine Sportduschkabine. Oben angekommen, schnappte ich mir eines der Betten und ließ mich in die sauberen, weißen Laken fallen. Ich musste dringend den Schlaf nachholen, den ich an die Klimaanlage verloren hatte. Musste mich dringend erholen, bevor ich wieder in das Wespennest hinausging. Ich träumte von Fahrradspeichen, in denen ich beide Arme verlor.

Ich schaute auf das dunkle Wasser, das hoch bis zur Reling schwappte. Nach meinem Nickerchen war ich in die Stadt gefahren. Jetzt stand ich auf einer Fähre, die mich in Amsterdams Norden bringen sollte. Vom Boot aus bestaunte ich die riesigen Bürogebäude, die Bars und Restaurants, auf die wir zusteuerten. Ich machte mir die zweite Dose Amstel auf, vorsichtshalber hatte ich gleich mehrere gekauft: Man konnte nie ahnen, welche Krisen einen auf so einer Überfahrt ereilten.

»Meinst du, wir sind sicher?«, fragte ich eine Frau neben mir, die gerade ein Streitgespräch am Telefon beendet hatte.

Sie betrachtete mich skeptisch. »Mir ist Wasser auch nicht geheuer«, sagte sie dann. »Aber es ist mein täglicher Arbeitsweg und ich lebe noch.«

Ich überreichte ihr eine Dose Amstel, die sie wortlos annahm. Wir verrieten uns gegenseitig unsere Namen.

Marleen erzählte mir von einem Zwischenfall auf einem Kreuzfahrtschiff, auf dem sie beinahe betrunken über die Reling gegangen wäre. Seitdem könne sie kein Wasser mehr sehen. Das Schiff dockte an, ich machte Anstalten, mich von ihr zu verabschieden. Dabei kannte ich nur wenige Frauen, die eine halbe Literdose Bier innerhalb einer kurzen Mittagspause wegziehen konnten.

»Du musst dir wenigstens anschauen, wo ich arbeite«, sagte Marleen, als sei ich, die ihr ein Bier geschenkt hatte, ihr irgendwas schuldig. Sie zog mich vom Schiff auf das Festland von Amsterdam Noord. Einige Straßen hatten Namen, andere waren eine einzige Baustelle. Marleen erklärte mir, dass dieser Stadtteil gerade erst aufgebaut würde und dass ihre Firma zu den hippesten in den ganzen Niederlanden gehörte. Früher sei der Norden ein reines Arbeiterviertel gewesen. Bald standen wir vor einem Hochhaus. Darin waren kleinere und größere Firmen untergebracht. Im Erdgeschoss gab es ein Restaurant mit Glühbirnen als Beleuchtung; die Türen und Fenster standen ob der Hitze offen.

»Jetzt kommt das Beste«, kündigte Marleen unsere Fahrt für den Aufzug an. Ich wollte gerade meine in ganz Europa legendäre Geschichte über die Bremssysteme zum Besten geben, da gingen bereits die Türen auf. Im Boden waren bunte Fliesen eingelassen. Über uns drehte sich eine Discokugel. Aus den Boxen, die am Spiegel angebracht waren, kam laute House-Musik.

Oben angekommen, folgte ich Marleen in ihr Büro. Es hatte riesige Glasfenster, und ein Mischpult stand in der Mitte des Raumes. Von hier aus konnte ich das Viertel überblicken.

»Das ist mein Arbeitsplatz: die School of House«, sagte Marleen.

Mir sagte dieser Name zwar nichts, aber in einer Schule zu saufen, war ganz nach meinem Geschmack. Ich ließ mich mit der Bierdose in ein weißes Ledersofa fallen. Ich war froh, dass ich selbst auf keiner Arbeitsstelle zu sein hatte, dass ich keinen Verpflichtungen nachkommen musste, außer der, mich zu betrinken.

»Von hier aus verwaltet ihr also die Weltherrschaft?«, fragte ich.

»Nee, nur die europäische Clubszene.« Marleen kicherte. »Connecten übers Tanzen, weißte?«

»Geht mit dem Techno nicht das Authentische an der Musik verloren?«, fragte ich.

Marleen setzte sich neben mich und schaute mich mit prüfendem Blick an. »Du glaubst, dass Idealismus dich in der heutigen Zeit weiterbringt?«

Ich nahm einen ordentlichen Schluck aus meiner Dose und hoffte, dass sie das Thema wechseln würde.

»Du glaubst, dass es reicht, ein paar Ideen zu haben, um die Welt zu verändern? Wie viele Youtube-Tutorials hast du dir eigentlich reingezogen?«

»Schon schön hier.« Ich zeigte auf die Baukräne hinter uns.

Als ich mich wieder umdrehte, war Marleen meinem Gesicht gefährlich nahe gekommen. »Wir müssen uns zusammenraufen, verstehste? Wie unsere Vorfahren. Connecten übers Tanzen, weißte?« Sie formte mit der Hand eine Weltkugel oder einen Kontinent, das war mir in diesem Moment nicht ganz klar. »Europa ist ein verdammtes Lagerfeuer, an dem wir uns wärmen müssen.«

Ich leerte mein Amstel in einem Zug aus, ließ aber den Blick nicht von ihr ab.

»Drogen sind also kein Problem mehr in der DJ-Szene«, stellte ich fest.

»Wann waren die denn ein Problem?« Marleen lachte laut auf. »Was ist denn gegen ein bisschen Koks einzuwenden im Gegensatz zu einem aggressiven Whiskeyrausch? Ich hasse diese Doppelstandards in der Gesellschaft.«

Jetzt weinte sie fast. »Ich vermisse das Trouw.« Sie schaute in eine Ferne, in der nur die riesigen Kräne standen, die alles kaputt machten, was ihnen in die Quere kam. »Das war ein Zuhause für junge Menschen, die nach etwas Neuem gesucht haben, verstehste? Ein Gefühl von Europa, ein Platz für etwas Besseres. Viele sagen, dass das Trouw das Beste war, was Amsterdams Clubszene jemals passiert ist.«

Ich schluckte, hielt den Atem an. »Und wo finde ich dieses Trouw?«

Marleen sprang jetzt vom Ledersofa auf. »Fuck, ich muss wieder arbeiten«, sagte sie. »Ganz vergessen.«

Sie begleitete mich zum Aufzug und drückte mich an sich.

Ich wärmte mich eine Weile am Lagerfeuer ihres Herzens.

Das Trouw ging mir nicht mehr aus dem Kopf. Auf der Fähre stellte ich mir vor, wie es ausgesehen haben musste und was für Musik dort gespielt worden war. Als ich wieder nach Amsterdam Central übergesiedelt war, hatte ich eine regelrechte Obsession zu dem Thema entwickelt: Warum hatte das Trouw schließen müssen? Würde es je wieder einen solchen Laden in der Stadt geben? Und: Was kümmerte mich der Scheiß überhaupt? Vielleicht kam meine Neugier daher, dass ich getrunken hatte und mein Körper nach einer Aktivität suchte – nur um sich nicht mit der Leere zu beschäftigen, die mich seit meiner Rückkehr aus Schweden begleitet hatte.

Alles, was ich wusste, war, dass diese Stadt offenbar mehr zu bieten hatte als ihre Gegenwart. Dass es da etwas in der Vergangenheit gegeben hatte, was bis heute in den Köpfen vieler junger Menschen weiterlebte. Ein Gefühl von Europa, so wie Marleen es gesagt hatte.

Ich saß an einer Gracht mit einem Cappuccino in der Hand. Ich musste wieder wach werden, die beiden Amstel hatten mich extrem runtergezogen. Hinter mir parkte ein alter Sportwagen ein, darin saß eine Dame Mitte fünfzig. Sie fasste sich trotz ihres Manövers immer wieder an die Brille.

»Can you help me?«, rief sie mir zu.

Ich navigierte mit meinen Armen, zeigte mehrmals mit der flachen Hand an, dass sie bremsen musste, um nicht in einen Baum zu fahren.

»I can't believe I got a parking space on a Friday!«, rief sie aufgeregt, als sie aus dem Wagen stieg. Sie setzte sich zu mir auf den Bordstein und zündete sich in aller Seelenruhe eine Tüte an.

»Ich hasse Touristen«, sagte sie, nachdem sie einen langen Zug genommen hatte. »Wie soll denn da einer mit dem Auto durchkommen, geschweige denn mit dem Fahrrad?«

Richtig, die Fahrradgeschichte musste hier auf üble Ressentiments stoßen. Ich schwieg lieber.

»Gott sei Dank habe ich ein Wohnmobil auf dem Land und kann abhauen, wenn ich will«, sagte die Frau. »Die Miete hier in der Stadt kann sich doch bald keiner mehr leisten.«

»Es stimmt also wirklich?« Ich drehte mich zum ersten Mal zu ihr. »Ich meine, die Sache mit den Wohnmobilen?«

Die Frau hatte ihre Arme um die Knie geschlungen. Vorneweg ragte der Joint über das Wasser der Gracht. »Alles

Vorurteile. Genau wie der, dass wir nicht Fahrrad fahren können. Dabei kenne ich keine Nation, die verantwortungsbewusster mit dem Drahtesel umgeht als wir.«

Vor uns fuhr gerade ein Kurier mit seinem Fahrrad fast in die Gracht.

»Früher habe ich mich wegen der ganzen Schwarzen nicht auf die Straße getraut. Jetzt sind es die Touristen«, sagte die Frau. Als der Joint aufgeraucht war, schmiss sie ihn ins Wasser. Anschließend zeigte sie auf eine Kamera, ein paar Meter von uns entfernt.

»Gut, dass es die jetzt gibt. Seitdem haben wir viel weniger Verbrechen in der Straße.«

»Tatsächlich?«, fragte ich. »Gibt es dazu schon Statistiken?«

»Statistiken, Statistiken«, schimpfte sie. »Sehe ich nicht, was ich jeden Tag sehe, fühle ich nicht, was ich fühle?«

Ich fragte die Frau, ob sie einen Tipp für mich habe, wo ich an diesem Abend noch hingehen könne. Die Unterhaltung führte ins Nichts, und ich wollte keine Zeit verlieren.

»Hast du schon mal was von borrelen gehört?« Die Frau hielt den Schlüssel in ihrer Hand einen Moment lang still. »Das ist ein Vorabenddrink. Dazu gibt es lauter frittiertes Zeug.«

Sie beschrieb mir den Weg zurück in die Stadt. Ich sollte zehn Minuten laufen, dann würde ich nach ihren Berechnungen bei einer Bar ankommen, deren Besitzerin sie gut kannte. Sie drückte mir einen Flyer in die Hand, den sie umständlich aus der Hosentasche kramte, und lud mich für den Sonntag zu einem Markt ein, wo sie Silberschmuck verkaufte.

»Für das Wohnmobil, weißt du? Wir müssen doch alle sehen, wo wir bleiben.« Ich half der Frau auf. Sie lächelte, winkte einem Fahrradfahrer, den sie offensichtlich kannte. Alles in ihrer Welt schien ihr wieder etwas zu bedeuten, in dem Moment, in dem unsere Unterhaltung beendet war.

Die Bar lag an einer Gracht. Ich trat in das schummrige Licht. In der oberen Etage standen riesige Fässer, die mit niederländischen Namen versehen waren. Auf den Tischen brannten weiße Kerzen.

»Ich würde gerne boulen«, sagte ich zu der Thekendame, die mich lächelnd empfing.

»Du willst was?«

»Na, dieses Dingens. Boulen.«

Sie schwieg, versuchte in meinem Gesicht abzulesen, was ich von ihr wollte. »Du meinst borrelen!«, rief sie aus.

Sogleich brachte sie mir ein gezapftes Bier und eine frittierte Käseplatte. Ich aß schnell und trank zügig und bestellte ein neues Bier, um die Kühlkette in meinem Kopf nicht zu unterbrechen.

Ein paar Stühle weiter saß ein junger Mann. Vor ihm lag eine Zigarettenschachtel, die er mit den Fingerspitzen immer wieder von sich wegkickte und wieder heranzog.

Zu ihm gesellte sich jetzt ein Koch, der sich die Hände an seiner weißen Schürze abwischte.

»Du bist für mich nicht mehr als eine Taube auf der Straße, hörst du? Nicht mehr als ein dreckiges Straßentier. Geh zurück nach Suriname, wo du hingehörst.« Er spuckte beim Reden, sprach gebrochenes Englisch.

Der junge Surinamese spielte wieder mit der Schachtel herum, als der Koch in der Küche verschwand. »Das ist Rassismus, du Scheißpole!«, rief er ihm hinterher.

Dann drehte er sich zu der Frau hinter der Theke, die offensichtlich die Besitzerin des Ladens war.

»Der spinnt doch«, sagte er. »Hast du gehört, wie der mit mir geredet hat, das hast du doch, oder hast du das nicht?«
Ich legte meine Packung Snus auf den Tisch, die ich aus Schweden mitgebracht hatte. Ich schob sie zu ihm rüber.
Der junge Mann schnüffelte an den Säckchen.
Ich erklärte ihm, dass das Snus sei und in diesem Land wahrscheinlich verboten.
»Alles, was bei uns verboten ist, muss echtes Teufelszeug sein.« Er grinste, ihm schien dieser Umstand zu gefallen. Er tat es mir nach und steckte sich ein Säckchen unter die Oberlippe.
Die Besitzerin stellte ein neues Glas Bier vor mir ab, verdrehte die Augen in Richtung Küche und schaute den jungen Mann im Jackett so zärtlich an wie eine Mutter, die sich um ihren Sohn sorgte. »Hör zu, ich werde den Typen nicht los. Leider hat er das Recht, hier zu arbeiten, wie jeder andere auch. Also musst du dich damit zufriedengeben.« Sie öffnete ihren Zopf. Es schien für sie bald in den Feierabend zu gehen. »Nimm es dir nicht so zu Herzen.«
Der junge Mann schien beschwichtigt, er stand auf und verabschiedete sich, indem er auf die Theke klopfte.
Ich winkte ihm nach und steckte meinen Snus wieder ein.
»Willst du nicht noch unseren Jenever probieren?«, fragte mich die Besitzerin, während sie die Theke mit einem Lappen abwischte.
Sie sagte, dass dieser Laden zu den ältesten in Amsterdam gehöre, die ihren Jenever selbst brannten. Ich hätte die Auswahl aus über sechzig Sorten.
Ich fragte sie, ob die Niederländer oder die Engländer den Jenever erfunden hätten.
Empört verwies sie darauf, dass es definitiv die Niederländer waren. Ein Arzt hätte ihn im 16. Jahrhundert als

Medizin hergestellt. Englische Soldaten importierten ihn dann viel später auf ihre Insel und nannten ihn Gin.

Ich roch an dem Schnapsglas, das sie mir nun überreichte. Ein bitterer Duft von dunklen Beeren stieg mir in die Nase. Lästig lag mir sein bitterer Nachgeschmack auf der Zunge; aber wer trinkt schon Alkohol, weil er ihm schmeckt?

»Der hat drei Jahre gereift«, sagte die Frau. »Hat auch nur fünfunddreißig Prozent. So viel muss ein Jenever mindestens haben: wieder so ein Unterschied zum Gin.«

Sie machte sich gleich auf, eine neue Flasche aus dem Schrank zu holen und mir davon einzugießen.

Ich roch wieder daran, dieser schien wesentlich süßer zu sein. »Ist da Honig drin?«, fragte ich.

»Nein, der ist nur kürzer gereift.«

»Du kannst mir ruhig einen Schluck drauflegen«, sagte ich, als sie mir den nächsten einschenkte, den sie als Rembrandt-Jenever ankündigte: offenbar ein Gin mit künstlerischem Anspruch.

Sie ließ nur flüchtig ihr Handgelenk herunterschnellen, um mir das Gefühl zu geben, sie hätte eine Ausnahme gemacht, dabei war mein Glas ebenso leer wie zuvor. »Der ist sechs Jahre gereift. Also aufpassen.«

Die Frau erinnerte mich immer mehr an meine Mutter.

Ich steckte mir ein neues Säckchen Snus unter die Oberlippe und wartete, dass seine Wirkung einsetzte. Sofort sammelte sich die bittersüße Tabakkomposition auf meiner Zunge, während der Jenever in meiner Kehle kratzte. Ich hatte Europa im Mund.

»Das ist unser Ältester. Der hat zwanzig Jahre auf dem Buckel«, sagte die Frau. Sie hatte eine neue Flasche an sich genommen, an der ein wenig Staub klebte. Sie lächelte jetzt viel weniger, schien auf ihre Arbeit konzentriert.

Da war es nun, das Urgestein, das mehrere Jahrzehnte in den Fässern der Familienbrennerei gereift war. Mich überkam so etwas wie Ehrfurcht. Ich hielt das Glas unter meine Nase. Dann schluckte ich alles runter. Es sammelte sich eine herb kratzende Flüssigkeit in meinem Mundraum.

Sie schaute mich voller Erwartung an. Dieses war ihr großes Finale, das sie an einen harten Brocken wie mich nicht verlieren wollte. Dabei hatte ich keine Ahnung von gutem Alkohol. Ich war auf dem Dorf aufgewachsen, hatte seit der frühesten Adoleszenz Korn mit Cola gemischt; bei mir waren Hopfen und Malz verloren. Aber vor diesem Jenever musste ich kapitulieren. Er war zehn Jahre jünger als ich und dennoch mit einer Weisheit ausgestattet, die ich in meinem Leben nicht erreichen würde.

»Du hast sehr gut eingeschenkt«, ließ ich die Frau wissen. »Aber ich muss jetzt wirklich los, sonst kotze ich gleich in die nächste Gracht. Ich wünsche einen schönen Abend, und bitte sei nicht zu hart zu den Polen. Ich bin zu einem Viertel selbst eine.«

Draußen lehnte ich mich über eine Brücke und schaute in das dunkle Wasser. Mein Magen war leer, ich hatte außer den frittierten Käsestücken nichts gegessen. Ich war vollkommen schutzlos, versuchte mich zu orientieren. Ich beobachtete die Touristen, die sich ins Rotlichtviertel verirrten. In der Ferne sah ich ihre Köpfe, die dicht an dicht liefen. Wie sollte ich mich da einreihen, ohne mein starkes Bedürfnis nach Individualität zu vernachlässigen? Ich zückte mein Handy und machte ein Selfie. Dieses schickte ich mit einigen Hashtags auf die Reise durchs Internet.

Der Abendhimmel war dunkel, und eine orangefarbene Linie zeichnete sich ab. Das Rotlicht drang in mein Unterbewusstsein: Ich kam den berüchtigten Fenstern näher. Hinter den Scheiben standen die Frauen in Spitzenunterwäsche. Eine hatte eine Zigarette in der Hand, eine andere saß auf einem Hocker und überschlug die Beine, mit denen sie leicht wippte. Die Damen schauten nie weg, suchten den Blick eines jeden Vorbeigehenden. Ich konnte diesem nicht standhalten.

Ich wurde von einem Wahn übermannt, mein Atem wurde schwerer. Ich hatte doch nicht etwa eine Panikattacke?

Ich bog in die nächste Straße und landete wieder vor einer Gracht. Die Häuser in der Amsterdamer Innenstadt lagen viel zu dicht beieinander. Ich hatte komplett die Orientierung verloren. Sie waren hoch und schmal gebaut worden: ungünstig für eine Stadt, in der Rauschmittel erlaubt waren. Am oberen Ende der Straße sah ich ein Schild, das eine Bar anpries. Ich lief vor und schaute in diese hinein. Darin saßen reihenweise alte Männer vor ihren Schnapsgläsern und schienen ihnen eine Geschichte zu erzählen.

»Komm rein – wir beißen.« Ein junger Typ mit gebräunter Haut und einem Arm voller Tattoos winkte mich zu sich heran. Über seiner Schulter lag ein Spültuch.

Ich war so verwirrt ob der Dinge, die ich zuvor gesehen hatte, dass ich nicht anders konnte, als der Einladung zu folgen. Ich setzte mich auf einen Hocker neben die Tür.

»Jenever?« Der Mann gefiel mir, er kam gleich zur Sache.

Ich trank den Schnaps aus, der prompt vor mir stand. Dieser war wesentlicher süßer als die, die ich in der Bar getrunken hatte. Ich beobachtete einen der alten Männer neben mir, der seinen Jenever nicht anrührte. Er saß fest wie eine Steinskulptur auf seinem Hocker.

»Ich habe heute Dinge gesehen, die ich erst einmal verarbeiten muss«, sprudelte es aus mir heraus.

»Zum ersten Mal in Amsterdam?«, fragte der Mann hinter der Theke.

Ich erklärte ihm, dass ich zum dritten Mal da sei, man die Dinge mit dreißig aber anders sehe als mit zwanzig. Dass die Welt einem manchmal gehörig Angst machen konnte mit ihren Eigenartigkeiten und dass man sich selbst in einem Strudel dieser Irrungen wiederfinden musste, um sich nicht urplötzlich in eine Gracht fallen zu lassen und vor aller Augen zu ertrinken.

»Wow.« Er stellte ein neues Schnapsglas vor mir ab.

»Das hier ist im ganzen Land die beste Medizin. Ich glaube, die hast du jetzt nötig.«

Ich trank und wischte den Mund mit der Hand ab.

»Die meisten Frauen in den Fenstern bringen übrigens einen Batzen Geld nach Hause«, flüsterte der Barmann. »Die führen unter der Woche ein ganz normales Leben in den Vororten von Rotterdam. Du brauchst dir keine Gedanken zu machen.«

Mein Blick haftete an seinen Lippen.

»Wobei fünfzig Prozent der Fenster mittlerweile dichtgemacht worden sind.« Er ging wieder zurück in sein Revier, hinter seine Theke. »Schon mal was von Gentrifizierung gehört?«

Ich nickte.

»Hast du schon mal was vom Trouw gehört?« Er schien mir ein guter Vertrauter für solche Fragen.

Er schaute um sich, zog mein Gesicht zu seinem heran. Dann schluckte er. »Warum zur Hölle kennst du das Trouw?«

Ich stotterte und richtete meinen Blick an den alten Mann neben mir, der seinen Jenever immer noch nicht getrunken hatte.

»Du musst damit leben, dass du es nicht kennst.« Jetzt ließ der Mann hinter der Bar wieder locker. Er trank einen schnellen Schnaps. »Wir alle müssen damit leben, hörst du?«

Ich legte einen Zehneuroschein auf die Theke und tippte den alten Mann neben mir an, um zu sehen, ob er noch lebte.

Dann winkte ich den Anwesenden und beeilte mich, wieder auf die Straße zu kommen.

Ich folgte der angetrunkenen Menge. Es war hoffnungslos, das Trouw zu suchen. Hoffnungslos, auf ein Gefühl zu pochen, das es mir geben würde, wenn niemand wusste, wo sich der Club befand und ob er überhaupt geöffnet hatte.

Mir fiel ein leuchtendes, gelbes Schild in der Ferne auf. Je näher ich kam, desto mehr verstand ich, dass es sich dabei um eine Banane handelte. Das kam mir gerade recht, ich musste dringend Vitamine zu mir nehmen. Offenbar hatte hier bereits ein Smoothie-Laden aufgemacht, der Barmann hatte mit seiner Gentrifizierungs-Theorie recht gehabt.

Am Eingang hatte sich eine Schlange von zwanzig Männern gebildet. Ein mächtiger Kerl in schwarzen Klamotten erklärte, dass jeder so viel trinken dürfte, wie er in einer Stunde schaffte. Alles für fünfzig Euro.

In der Banana-Bar begrüßten mich zwei Damen ohne Shirts. Ich ahnte bereits, in was für ein Etablissement es mich verschlagen hatte. Ich setzte mich an einen der hohen Stehtische auf einen Hocker.

»Darf ich dir was zeigen?« Eine der Damen hielt eine Sahnedose in der Hand.

»Ich nehme einen Bananensmoothie«, sagte ich.

»Sehr lustig. Also darf ich jetzt?«

Ich war nicht zum ersten Mal in einem solchen Laden,

und es war mir vollkommen klar, dass ein falsches Wort mich hier teuer zu stehen kommen konnte.

Ohne meine Antwort abzuwarten, hatte sie eine Banane zwischen ihre Brüste gesteckt. Ich klatschte ein wenig, sie tat mir leid. Sie schien Erfahrung in vielen Dingen zu haben, unter anderem gehörte das Jonglieren mit Obst dazu.

»Weißt du, wo ich das Trouw finden kann?«, fragte ich sie am Ende ihrer Vorstellung.

Gelangweilt zeigte sie auf den Mann, der uns vor der Tür die Regeln des Abends erklärt hatte. Dann nahm sie ihre Dose vom Tisch und ging.

Der Mann kreuzte die Arme hinter dem Rücken. Er bewegte sich keinen Zentimeter, er schaute nur auf die Theke, die er zu bewachen hatte.

»Ich suche das Trouw«, flüsterte ich.

Er tippelte ein wenig auf seinen Lackschuhen herum, dabei wippte er mit dem gesamten Körpergewicht nach vorne und nach hinten. »Die hatten da Käfige mit Schimpansen drin«, raunte er. »Kannst du dir die Scheiße vorstellen?«

Ich sagte, dass ich das sehr gut könne, und fragte ihn nach der Adresse.

»Das Trouw findet dich, wenn es will«, sagte er. »Und jetzt zisch ab, deine Stunde ist vorbei.«

Ich verließ den Club, ohne für meine fünfzig Euro auch nur ein Bier geschweige denn einen Bananensaft getrunken zu haben. Ich hatte es satt, diese zwielichtigen Geschichten über das Trouw zu hören. Keine davon brachte mich dem Club näher. Eine Weile saß ich auf einem Bordstein, als mein Handy klingelte. Auf dem Display sah ich, leicht verschwommen, eine niederländische Nummer.

Es war Sian, meine alte Schulfreundin, mit der ich Abitur gemacht hatte. Sie wohnte seit fünf Jahren in Haarlem, um dort ergonomische Ohrstöpsel für hängen gebliebene Schranz-Clubber zu entwickeln.

»Ich habe deinen Instagram-Post gesehen«, schrie sie in den Hörer. »Du bist in Amsterdam und kommst mich nicht besuchen?«

Ich fragte einen Taxifahrer, der an mir vorbeifuhr, ob er mich für einen Festpreis von fünfundzwanzig Euro nach Haarlem bringen würde. Eine halbe Stunde später kam ich in Sians Einzimmerwohnung an. Sie lag direkt am Kanal.

Der Fernseher lief, und ich schaute ein paar Druffies dabei zu, wie sie vor der Kamera Drogen nahmen, während Sian uns Drinks mixte. Sie kam mit zwei großen Cola-Korn aus der Küchenzeile zurück. Ganz wie früher.

Ich fragte sie, ob es normal sei in diesem Land, dass man sich im Fernsehen vollkommen zudröhnen durfte.

Sie bestätigte, dass das absoluter Alltag war. Durch den Anstieg der Drogentoten hatte die Regierung versucht, einen Riegel davorzuschieben, indem sie das Thema proaktiv anging und öffentlich Anleitungen für den Drogenkonsum gab. »Ich meine, der Sender gehört dem Staat. Krass, oder?«

Wir schauten ein paar Kaputten in Jogginganzügen dabei zu, wie sie zu Schranz abgingen. Wie sie über Drogen referierten, in die Kamera rülpsten, wie sie ihre Kindheitserfahrungen verarbeiteten.

»Der normale Jugendliche kifft in diesem Land ja nicht«, sagte Sian. »Der Reiz ist irgendwann weg, wenn du das Zeug so leicht bekommst wie Kopfschmerztabletten.« Sie stellte ihr Glas auf der Sessellehne ab, auf dem sie es sich gemütlich gemacht hatte. »Die gehen alle steil auf MDMA.«

Ich fragte Sian, ob sie das Gefühl habe, in den Niederlanden angekommen zu sein. Die Morgensonne schien bereits durchs Fenster und presste meine Augenlider zusammen.

Sian erzählte, dies sei das einzige Land, in dem ihre Hautfarbe nicht zur Diskussion stünde. Hier sei es normal, schwarz zu sein, das läge auch an der Kolonialvergangenheit zu Suriname. Deswegen nannte sie die Niederländer auch die besseren Deutschen. Nur die Mieten wären genauso schlimm.

Ich erinnerte mich daran, dass ein Lehrer in der Schule Sian öfters Bimbo genannt hatte; dass er ihr geschmacklose Witze über Schwarze erzählt hatte, weil er dachte, Sian würde das witzig finden. Weil sie laut war, farbig und eine Frau.

Warum hatte ich damals nichts eingegriffen? Warum hatte ich mich nicht auf ihre Seite gestellt? Heute würde ich es anders machen, so viel war sicher. Ich entschuldigte mich bei Sian für alles, was ich nicht gesagt hatte. Wir waren keine zwanzig mehr. Es war an der Zeit, Verantwortung zu übernehmen.


Ein paar Stunden später wachte ich in meinem Hostelbett auf. Ich prügelte mich in die nächste Tram, bevor mir mein Kater bewusst werden würde. Die Schlange vor dem Anne-Frank-Haus war lang.

»Wie lange warten Sie schon?«, fragte ich ein Paar mit zwei kleinen Kindern. Als sie keinen Laut auf meine englischen Gesuche von sich gaben, versuchte ich es auf Italienisch. Sie antworteten mir auf Spanisch und gaben eine halbe Stunde als Richtwert an. Eines der Kinder hörte laut Musik auf dem Handy, und sämtliche Familienmitglieder schunkelten zu dem Rhythmus. Gib den Spaniern Enrique

Iglesias und sie fangen selbst vor einem Holocaust-Museum an zu tanzen.

Je näher ich dem Eingang kam, desto mehr verfluchte ich meine Idee, hergekommen zu sein. Ich hatte Kopfschmerzen, mir war übel. War das nicht respektlos gegenüber Generationen von Juden und gegenüber der Familie Frank, die ihr Dasein über zwei Jahre in einem Versteck gefristet hatte, während ich gut siebzig Jahre später in einem Etablissement namens »Banana Bar« mit zwei Brüsten gesprochen hatte?

Ich entschied mich gegen einen Besuch des Hauses, dann dachte ich wieder daran, dass eine Umkehr jetzt auch keinen Sinn mehr machte. Ich war fast am Anfang der Schlange.

Ich plauderte mit der spanischen Familie. Ich erzählte ihnen, dass meine Familie aus Neapel kam, aber heute größtenteils in Modena lebte. Dass ich schon lange nicht mehr da war und das vielleicht besser für alle ist. Mir war seltsam zumute, plötzlich verspürte ich den Drang, nach Italien zu fahren. Dieser Drang wurde stärker mit jedem spanischen Wort, das sie von sich gaben.

Der Eingang des Anne-Frank-Hauses schien wie ein normaler Museumseingang. Offenbar hatte die Stadt die unteren Etagen verschiedener Häuser zu einer größeren ausgebaut. Ich ging über enge Treppen in die erste Etage. Dort lief auf einem Fernseher eine Aufnahme aus einem Konzentrationslager. Meine Stimmung veränderte sich schlagartig; ich war von Ehrfurcht durchdrungen und schwieg. Aber wenn ich mich mit Europa auseinandersetzen wollte, dann musste ich mich auch mit der jüdischen Geschichte auseinandersetzen.

Ich erfuhr, dass vor dem Holocaust auf dem Kontinent mehr als sechzehn Millionen Juden gelebt hatten, dass es sogar ein jüdisches Viertel in Amsterdam gegeben hatte. Ebenso wie in Budapest, Krakau und Rom. Ich nahm die Treppen zum Hinterhaus, in dem sich Anne und ihre Familie versteckt hatten, bevor sie deportiert wurden. Mein Kopf war vollkommen klar, mein Magen rumorte nicht mehr. Aber eine andere Übelkeit hatte sich eingestellt. Eine über alles Vergangene. Über die Schande, die im faschistischen Europa passiert war, die niemand aufgehalten hatte.

Jeder, der die Geschichte dieses Kontinents verstehen will, kommt um seine schändlichen Kapitel nicht herum. Jeder junge Mensch, der in anderen Ländern studiert, dort feiern geht, der den Gedanken Europas in andere Nationen trägt, muss ewig diese Schuld in sich tragen wie ein Mahnmal, das in ihm wohnt. Und dennoch muss er die Blüte der Menschlichkeit in sich zu jeder Zeit wachsen lassen.

Ich fand mich auf der Straße wieder. Zu heftig waren die Bilder, zu überwältigend die Erzählungen der Überlebenden. Doppelt waren sie mir auf meinen verkaterten Magen geschlagen. Ich wusste, dass ich nicht länger bleiben konnte. Ich war durch mit Nordeuropa, war durch mit dem wechselhaften Wetter und dem perfekten Englisch, das sie mir hier in einer Tour auftischten. Ich musste nach Hause, irgendein Zuhause war gut genug. Ich wollte dahin, wo so ein Konzept zumindest noch existierte: Ich wollte zu meiner Familie nach Italien.

Dieses Gefühl, dass ich überall hätte leben können – selbst in so einem überteuerten Drecksloch wie Amsterdam –, war zu leicht in mein Herz gedrungen. Es hatte keinerlei Substanz. Ein Lebensgefühl war mir in den Magazinen und Dokus vorgegaukelt worden, das sich so einfach nicht finden ließ. Ein echtes Zuhause muss sich den Weg zu deinem

Herzen erarbeiten, ohne seelisches Fundament kann es nicht in dir reifen. Ein oberflächliches Gefühl lässt sich viel leichter herstellen als Steine, als Wände, als alte Monumente. Es bricht nur zusammen, was vorher nicht gefestigt war.

Ich stieg in den Bus, der zum Flughafen fuhr. Wir passierten die Grachten, die kleinen Brücken und Wohnhäuser. Ich schaute aus dem Fenster, schaute in den wolkenlosen Himmel. Zuletzt fuhren wir an einem riesigen, leer stehenden Fabrikgebäude vorbei. Die Fenster waren eingeschlagen, die Wände voller Graffiti, die Eingangstür stand offen und hatte keine Griffe mehr. Erst konnte ich ihn nicht genau entziffern, dann wurde der Schriftzug immer klarer. Ich schluckte, hielt den Atem an. Ja, ich sah den grauen Schriftzug jetzt ganz deutlich. Dort stand es, fuhr auf mich zu wie eine Erleuchtung:

Trouw

# 6

## Die europäischen Mischehen unserer Eltern

Die Stadt, in der der italienische Teil meiner Familie heute lebt, liegt zwischen Mailand und Bologna in der Region Emilia-Romagna. Nicht weit vom Bahnhof Modena entfernt fand ich mich in einer mit Kopfstein gepflasterten und von altertümlichen Gebäuden gezeichneten Altstadt wieder, die sich am Abend in die Kulisse eines Shakespeare-Stücks verwandelte. Wer ein wenig Italienisch versteht, der begreift schnell, dass die Einwohner dieses Landes sich ähnlich poetisch ausdrücken. Selbst der erste caffè am Morgen, den wir Westeuropäer einen Espresso nennen, gewinnt in einem Straßengespräch an ungeahnter Bedeutung.

»Du musst ihn kurz halten«, hört man da den pensionierten Barista über die Marmortheke rufen. »Sonst schmeckt er nach abgestandenem Schwarztee. Hai capito?«

Modena reißt mich in ihren Gerüchen und Eigenarten auch nach langer Zeit immer wieder mit, sodass ich die Stadt zu Recht ein zweites Zuhause nennen darf. Obwohl ich in Deutschland aufgewachsen bin, spüre ich eine tiefe Verbindung zu der Heimat meines Vaters, die meine Herkunft begründet. Ursprünglich kommt meine Familie allerdings aus Neapel. Nonno Pasquale, mein Großvater, der gestorben ist, als mein Vater ein Kind war, ist in der Stadt des Vesuvs aufgewachsen, lange bevor sich Italiens Grenzen zugunsten

Kroatiens verschoben hatten. Dort liegt er heute noch begraben beziehungsweise verbrannt und in einer Wand eingemauert, wie es bei den Italienern üblich ist.

Die Familienlegende besagt, dass Nonno Pasquale vor dem Krieg seine erste Familie in Neapel gegründet hat. Nach dem Krieg gründete er eine neue, in Modena mit meiner Großmutter Nonna Rosa. Die Kinder aus der zweiten Ehe wussten nichts von denen aus der ersten, was auch gut so war, denn Nonno gab wegen seines schlechten Gedächtnisses seinen späteren Nachkommen exakt die gleichen Namen.

Das ist fast alles, was ich über diese Familie weiß, und auch mein Vater hüllt sich in Schweigen. Mögen die Italiener dafür bekannt sein, ihrem Frust freien Lauf zu lassen, mögen sie uns auf den Straßen, in den Restaurants und an den Bushaltestellen als freie Geister und hemmungslose Diskutanten begegnen: Sobald es um die eigene Familie geht, übt sich der Italiener in silenzio.

»Hast du schon was gegessen?« Das war das Erste, was mich Zia Antonietta fragte, als sie mich an der Haustür empfing. Die Antwort darauf war wie ein Überlebenselixier in Italien; die Esskultur in diesem Land ein philosophisches Thema, dem die renommiertesten Forscher dieser Welt niemals beikommen würden.

Meine Tante ließ es sich trotz ihrer bescheidenen Größe nicht nehmen, mich in die Luft zu heben. Sie und Zio Gabriele küssten mich unentwegt auf die Wangen. Das ist auch der Grund, warum an italienischen Flughäfen statt Park and Ride ein Kiss and Ride auf den Schildern steht. Denn egal, wie sehr man sich in der eigenen Familie hasst, man schafft es immer noch, sich zwei Küsse auf die Wange zu geben, so wie man es in Deutschland als zwischenmenschliche Errungenschaft ansieht, sich nach einem Streit wenigstens per Handschlag zu begrüßen.

Noch hatte ich meine cugina, meine Cousine Jessica, nicht gesehen. Bei ihr sollte ich für die nächste Zeit wohnen. Sie war Geschäftsführerin eines großen Kinos und bewohnte ein Loft in den oberen Etagen mit Blick auf die Stadt.

Sobald Zia Antonietta mich losgelassen hatte, schimpfte sie darüber, wie viel ihre Tochter arbeiten müsste und dass sie kaum mehr Zeit hätte, bei ihnen zum Essen vorbeizuschauen. Das, so spürte ich, hatte die Familie in ein tiefes Unglück gestürzt, schlimmer als bei der Wiederwahl Berlusconis.

Ich freute mich darauf, meine Cousine wiederzusehen. Wir hatten als Kinder jede Minute miteinander verbracht, die ich in Modena war. Einmal bin ich sogar mit in ihre Schule gegangen, was einer geistigen Umnachtung meines Vaters geschuldet sein musste, denn welches Kind geht in den Sommerferien gerne zur Schule? Allerdings war meine bedingungslose Loyalität ihr gegenüber schon damals gefragt. Denn als meine Zia sie jetzt stellvertretend für mich anrief und ich ihre Stimme zum ersten Mal seit Jahren hörte, sagte sie: »Jeden Abend musst du mit mir verbringen, cugi, hörst du? Ein Nein akzeptiere ich nicht. Ich sage dir: jeden Abend.«

Ich habe schon als Kind ganze Sommer damit verschwendet, mich gegen diese zeitliche Vereinnahmung zu wehren. Irgendwann hatte ich verstanden, dass dieser aufdringlichen Fürsorge eine angstvolle Liebe zugrunde lag, die wir in Deutschland höchstens belächeln.

Meine Cousine beorderte mich zu acht Uhr ins Kino, bis dahin durfte ich mir bei meiner Tante den Bauch vollschlagen.

»Stasera ci beviamo«, sagte Jessica, bevor sie auflegte.

Ja, liebe cugina. Heute Abend bechern wir so lange, bis das Römische Reich aus den Ruinen erwacht.

Ich taumelte in wacher Vorfreude auf den Abend, als ich den ersten Rotwein von meiner Tante aufgetischt bekam. Das Trinken zu Mittag war hier einem gesellschaftlichen Ritual geschuldet. Anders als in den nördlichen Gefilden, wo man schief angeschaut wird, wenn man sich zum Mittagessen einen halben Liter Pils reinknallt, ist es in Italien verpönt, zu Fleisch und Fisch lediglich Cola zu trinken. Hier ist es integrierte Tatsache, dass man Wein oder Bier zum Essen zu sich nimmt. Dafür halten sich die Italiener in der Disco zurück, ausschweifende Saufgelage sind auch unter jungen Leuten eine Seltenheit. Diese integrierte Trinkkultur liegt darin begründet, dass es in den südeuropäischen Ländern keine nennenswerte Abstinenzbewegung gegeben hat, so hat es mir der Angestellte im Systembolaget in Schweden vor nicht allzu langer Zeit erklärt.

Ich glaube eher daran, dass es an der Sonne, dem guten Essen und den gut aussehenden Menschen liegt, dass das verzweifelte Trinken keine besondere Rolle spielt. Leider sehen die Italiener deswegen die Arbeit ebenso als nicht wichtig an, und da kann man eindrücklich sehen, wohin das die Wirtschaft geführt hat. Man braucht nur in den Restaurants dieser Stadt vorbeizuschauen. Die Italiener scheinen in ihren Gesprächen und Gestiken so vollkommen frei, als gäbe es im Leben nichts anderes als das Essen, die Kinder und die Liebe. Die Arbeit schwirrt um sie herum wie eine lästige Fliege, die sie für einige Zeit wegscheuchen können.

Ich trank schon vor dem Essen einen dunkelroten Lambrusco. Er stammte aus der Region Sobrara, wenige Kilometer vom Haus meiner Zia entfernt. Er war auf der ganzen Welt bekannt für seine Frische und Bitterkeit. Ich hatte den Wein in meinem Glas hin- und herschwappen lassen, bis eine schaumige Krone entstanden war. Ich wollte einen Schluck nehmen, aber meine Tante hielt mich zurück. »Aspetta, aspetta«, rief sie. »Warte, bis der Schaum sich löst. Er schmeckt viel reifer, wenn du ihn ruhen lässt. Pazienza, cara. Ein bisschen Geduld.«

Ich hatte eine wichtige Eigenschaft der Italiener vergessen. Sie wussten immer alles besser. Sie waren nicht nur die Professoren ihres eigenen Lebens, sondern auch des Lebens der anderen. Ich schmeckte den bittersüßen Lambrusco auf meinen Lippen und probierte von den Tortellini mit Spinat und Ricotta, die meine Tante selbst zubereitet hatte. Jedes Mal versetzte mich ihre Küche in einen schlafwandlerischen Zustand. Ich kannte ihr Geheimnis nicht. Aber die Art, wie sie exakt zu wissen schien, wie viel Olivenöl sie für ein Gericht benötigte, war auf der Welt einzigartig. Ich vergaß über das Essen, einen weiteren Lambrusco zu trinken, und konzentrierte mich auf den zweiten Gang, der secondo piatto, der direkt nach dem primo piatto aufgetischt wird.

In Italien läuft ein normales Essen so ab: Zum Anfang werden antipasti, ergo verschiedene Gemüsesorten, gegessen. Dann folgt der »erste Teller« mit Nudeln oder einem Reisgericht, danach gibt es den »zweiten Teller« mit Steak oder Fisch. Zum Schluss gibt es noch einen Teller mit Käse und Früchten. Danach ist es nicht unüblich, eine Eistorte zu sich zu nehmen, die man in der gelateria um die Ecke besorgt. So vergisst man in Italien beim Essen die Stunden.

Vergessen kann man sich allerdings auch über die italienischen Männer. Sie sind bis ins hohe Alter hin gut gekleidet, der Gang in Jogginghose zur tabaccheria um die Ecke kommt einer Todsünde gleich. Sie haben dunkle, alles in sich verschlingende Augen, und ihr wallendes Haar liegt bis ins hohe Alter fest am Kopf. Leider sind nicht alle mit dem philosophischen Intellekt eines Dante ausgestattet, und auch an der Auswahl ihrer Badehose zwickt es hier und da. Dennoch kann man sich für ein paar Nächte unsterblich in sie verlieben.

Meine Cousine Jessica hatte gerade den letzten Kinosaal geschlossen, als ich ihr in der riesigen Eingangshalle begegnete. Es war kurz nach acht, ich war wie immer pünktlich. Sie ließ mich wissen, dass die anderen unten in der Bar auf mich warteten, sie würde gleich nachkommen, sobald sie das Geld gezählt hatte.

Zu meiner Enttäuschung sah ich, dass sie uns mit ausreichend Aperol Sprizz zu versorgen gedachte, aber keine Schnapsgläser auf den Tischen standen. Die tieforange Spirituose, verziert mit einer Zitronenscheibe sowie Eis, Wasser und Sekt, sah nach etwas aus, das ich nach diesem Sommertag gut vertragen könnte. Aber ob ich mich damit ernsthaft besaufen konnte?

Ich gab den Anwesenden nacheinander die Hand. In Italien ist es üblich, erst die Küsse zu verteilen, wenn man sich mindestens einmal per Handschlag und einem leise gehauchten piacere vorgestellt hatte.

Meine Cousine verteilte nun Scheine an die Aushilfen und klopfte ihnen auf die Schulter. Ich schloss daraus, dass beim Geldzählen der ein oder andere Bonus herausgesprungen war. Danach hielt sie eine Ansprache, wie gut dieser Abend gelaufen war und dass sie gemeinsam das Kino bis an die Spitze Italiens bringen würden. Alle klatschten, nachdem sie mit ihrem brindisi, dem Trinkspruch, fertig war und ihren Aperol Sprizz runterschüttete.

Ein Büfett mit Pasta, Pizza, Brot und Salaten war auf den Tischen aufgebaut. »Das ist ein apericena«, sagte meine Cousine. »Eine Mischung aus einem aperitivo und cena, einem Abendessen.«

Während sich die anderen den Bauch vollschlugen, las ich auf meinem Handy, woher diese Tradition kam. Angefangen hatte alles mit der Erfindung des trockenen Wermuts von Antonio Benedetto Carpano im Jahre 1786. Dazu mischte er Wein mit Zucker, Karamell und verschiedenste Kräuterarten. Dieser wurde nach ganz Europa exportiert und später als Martini, dem Aperitif schlechthin, bekannt. Aperol und Campari, die heutigen typischen Sprizz-Sorten, wurden erst in der zweiten Hälfte des 19. Jahrhunderts erfunden. Heute ist die Happy Hour der Italiener, das apericena oder auch der aperitivo, der zwischen sechs und zehn Euro kostet und ein reichhaltiges Büfett einschließt, im ganzen Land beliebt.

»Schmeckt der nicht unfassbar gut?« Meine Cousine hielt ihr Glas an das meine.

»Buonissimo«, sagte ich.

Aber ich konnte an nichts anderes als an Schnaps denken. An Walnusslikör aus dem tiefsten Kalabrien, an eisgekühlten Limoncello aus Sorrento und sogar an einen alles aus dem Weg räumenden Grappa, nach dessen Verzehr wir meinen Vater zu Tisch oftmals Berlusconi getauft hatten.

Ich erinnerte mich an eine Dokumentation, vor der es mir noch immer gruselt. Darin wurden junge Italiener aus Bari begleitet und zu ihrem Partyverhalten interviewt.

»Also wir brauchen gar keinen Alkohol, so wie die Engländer, zum Beispiel«, hatte ein altkluges Exemplar mit einer

Sonnenbrille, die dreimal größer war als ihre Nase, in die Kamera gesagt. »Italiener trinken hier und da mal ein Glas Wein. Vielleicht auch schon zu Mittag, aber dafür immer mit Genuss. Ich weiß gar nicht, wann ich das letzte Mal betrunken war.« Sie hatte gekichert über diese Aussage. Bitter nötig hätte sie den Rausch jedenfalls gehabt.

Ich musste mir keine Sorgen mehr machen, ob der Abend hier genauso langweilig ablaufen würde. Als Managerin des Kinos hatte meine Cousine Zugang zu dem Schnapsvorrat hinter der Bar, und sie hatte bereits jemanden angewiesen, ein paar Gin Tonic zu mischen. Es war gut möglich, dass der Rest der italienischen Jugend ebenso dachte wie die Brille aus Bari, aber meine Cousine und ich stammen eindeutig aus der gleichen Familie.

Die Drinks kamen jetzt am Fließband, kaum hatte ich einen Gin Tonic ausgetrunken, drückte mir Jessica ein neues Glas in die Hand. Bald saß ich auf dem Schoß eines ungefähr zehn Jahre älteren Mannes, ohne genau zu wissen, wie ich da hingekommen war.

Er trug ein ausgeleiertes Shirt mit einem aufgenähten Bild von Jim Morrison darauf.

Ich stellte mich mit meinem zweiten Vornamen vor, aber ich ging stark davon aus, dass auch »Lollo« nicht sein richtiger Name war. Wer hieß denn ernsthaft so? Lollo fragte mich, warum ich nach Italien gekommen war, und ich fragte ihn, warum er mit zehn Jahre jüngeren Menschen abhing. Mir fiel auf, dass er viel weniger trank als wir anderen. Dass er zwischendurch immer wieder Wasser zu sich nahm. Er gehörte zu einer Generation, die den Wein früh am Tag bevorzugte und in wenigen Millilitern. Ich musste ihn abfüllen.

Aber mein Plan ließ sich schwerer realisieren als gedacht. Gekonnt hielt Lollo seine Hand über das Glas, sobald ich bereit war, heimlich nachzufüllen. Dabei berührte er auch meine Hüften oder Beine nicht. Er schaute mir nicht einmal in die Augen.

Ich nutzte den Moment, in dem meine Cousine eine Karaoke-Maschine angeschlossen hatte und lauthals einen Song von Laura Pausini sang, um mich von seinem Schoß zu entfernen. Lollo haute sich auf die Oberschenkel, sie waren eingeschlafen. Jetzt, wo ich neben ihm saß, wurde er gesprächiger. Er fragte mich über meine Reisen aus, worüber ich schrieb und wie die Chancen standen, dass er ein Charakter in meinen Geschichten werden könnte.

»Wenn du mich verletzt, geht das schneller, als du diesen Gin Tonic exen kannst«, sagte ich.

Lollo wehrte das Glas, das ich ihm vor die Nase gehalten hatte, ab. Er rückte in immer weitere Ferne, bis er mit Silvia ins Gespräch gekommen war, einer rothaarigen Schönheit. Ich weiß nicht, ob es die unerträglichen Lieder einer schon lange über das Maß hinaus durchgespielten, italienischen Künstlerin waren oder meine forsche, deutsche Art. Aber ich hatte das Gefühl, dass außer meiner Cousine keine der Frauen hier den ersten Schritt wagte oder auch nur ansatzweise sagte, was sie von einem Mann wollte. So wie meine Tante in der Küche das Kommando übernommen hatte, so waren die traditionellen Rollen von Frau und Mann auch in der Liebe in diesem Land klar verteilt.

Meine Cousine schaltete das Mikro aus, schnappte ihre Tasche und befahl uns, ihr zu folgen. Dabei schielte sie auf die Karaoke-Maschine wie auf einen Verflossenen, den sie nie vergessen würde.

Laut krakeelend verließen wir das Kino. Ich fragte mich, wie wir zum Club kommen sollten, denn die Infrastruktur in Modena ist ein Desaster. Ich folgte den anderen auf den Parkplatz – und sah, wie alle in Silvias Auto einstiegen. Ich versuchte einzugreifen, schlug vor, ein Taxi zu nehmen. Verständnislose Blicke, mehr bekam ich von den anderen nicht, es schien ihnen nicht mal in den Sinn zu kommen, dass das alkoholisierte Fahren in Italien nicht nur verboten ist, sondern auch gefährlich. Selbst nüchtern ist das Fahren doch schon ein Attentat.

»Ascolta.« Meine Cousine nahm mich in den Arm. »Mach dir keine Sorgen. Das interessiert keine Sau, ob wir betrunken fahren oder nicht. Du wirst schon sehen.«

So wie ich die italienische Polizei, die carabinieri kannte, würde uns um diese Zeit in der Tat eine Kontrolle erspart bleiben.

Das letzte Mal, als ich mit meinen Eltern in Italien angehalten worden war, war der Beamte mit Zigarette im Mundwinkel zum Fenster gekommen und hatte meinem Vater die Papiere aus der Hand gerissen. Als er sah, dass wir Deutsche waren, verschwand er wieder, aber nicht ohne uns seine Zigarette an den glänzenden, deutschen Mercedes zu schnippen.

Wir fuhren einen Schleichweg und waren in unter zehn Minuten am Club angekommen. Ich folgte den anderen in eine Lagerhalle. Der Raum ragte etwa hundert Meter in den hinteren Teil hinein, wo sich eine Bühne befand, auf der ein Schlagzeug stand. Der DJ spielte die Klassiker, spanische, belanglose Strandmusik. Die Tanzfläche war voll, und nur eine kleine Tür am anderen Ende der Halle führte ins Freie. Hier standen wir eine Weile und rauchten, wir beratschlagten uns, was wir nun tun würden. Nach einer halben Stunde Palaver beschlossen wir, uns eine neue Runde Gin Tonic zu bestellen.

Ich machte Anstalten, für alle zu zahlen, nicht nur, weil ich den ganzen Abend umsonst gesoffen hatte, sondern weil italienische Gastronomen nichts mehr hassen als Deutsche, die getrennt bezahlen.

Ich verteilte den Gin. Jessica eröffnete mir mit festem Blick, dass wir weiter ins Dolce Vita wollten, die einzige Bar in Modena, die bis zum frühen Morgen aufhatte.

Im Auto lehnte ich mich an die Rückbank und schaute in den Sternenhimmel. Ich fragte Lollo, der auch hinten saß, ob es viele Nachtbars in Italien gibt. Ich hatte wahrscheinlich eine Fahne, während er frisch und nüchtern roch wie ein Sommermorgen auf Capri.

»Es gibt so viele Nachtbars im Norden, wie es Mafiosi gibt«, sagte er.

»Ich dachte, die Mafiosi kommen aus dem Süden«, erwiderte ich.

Lollo schien nachzudenken. »Die Mafia ist immer da, wo das Geld ist. Im Süden gibt es kein Geld mehr, also sind die jetzt alle hier. Capisce?«

Silvia drehte das Radio auf. Ich versuchte, mich auf meinem Platz zu arrangieren, versuchte dabei, Lollos Hand zu berühren. Mir war es vollkommen egal, ob wir im Dolce Vita mit der gesamten Familie Camorra saufen würden: Hauptsache, Lollo war dabei.

Ich hatte mich, im Gegensatz zu den anderen, angeschnallt. Ich schien als Einzige zu verstehen, dass wir uns gerade auffällig verhielten, wenngleich es in diesem Land vermutlich auffälliger gewesen wäre, nach Vorschrift zu fahren.

Jessica steckte ihren Kopf zwischen uns. Sie hatte die Augen halb geschlossen. »Finger weg von meiner Cousine«, sagte sie.

»Ich lerne sie nur besser kennen«, sagte Lollo und machte dabei eine Geste, wie sie jeder Italiener praktiziert: offene Arme, Handflächen nach oben, irritiertes Schulterzucken.

Ich kannte das von meinem Vater, der stets versuchte, alle seine Fehler auf die anderen zu schieben. Lollo erinnerte mich also an meinen Vater. Eine gefährliche Mischung für eine Frau, die nach wochenlanger, einsamer Reise auf der Suche nach ein wenig Liebe war.

Lollo erzählte mir, dass er Jessica bei dem großen Erdbeben 2012 während einer Evakuierung kennengelernt hatte. Das hätte sie so zusammengeschweißt, dass sie sich regelmäßig treffen würden. Lollo war Regisseur für eine Werbeagentur und verbrachte deswegen jeden Abend im Kino, auch wenn zwischen ihnen nie was gelaufen war.

»Dann bin ich ja beruhigt«, sagte ich.

»Was soll das heißen?«, fragte er.

»Das soll heißen, dass du ein Charakter in meinem Buch werden könntest, wenn du nicht aufpasst.«

Ich prügelte die Bande regelrecht aus dem Auto, als wir angekommen waren. Es brauchte einiges an Kraft, um ein paar angestochene Italiener von einem Ort zum anderen zu bewegen. Italiener, so muss man wissen, sind wie eine Bande von ADHS-Kranken auf Koks. Wenn eine Entscheidung gefällt wurde, dann war die Diskussion darüber noch lange nicht vorbei. Alles, was schnell und effizient beschlossen wurde, war dem Italiener suspekt.

Ich sage das, weil ich mal einer Diskussion in einem modenesischen Bus beiwohnen durfte, in der eine Schwarzfahrerin dem Kontrolleur eine Mozzarellakugel ans Ohr geschwatzt hatte.

»Signora, ich verstehe Ihre Besorgnis, aber Sie müssen diese Karte bezahlen. Was soll ich denn tun?«

»Gar nichts sollen Sie tun. Gar nichts! Aber trotzdem. Finden Sie nicht auch, dass die Preise ein wenig zu hoch geraten sind?«

»Signora, für mich ist das genauso unangenehm wie für Sie. Aber Sie müssen diese Karte bezahlen.«

»Das ist alles die Schuld der Politiker«, sagte die Signora. »Die haben die Preise gemacht.«

»Ja, die Politiker sind wirklich schuld an allem.«

Nach einer halben Stunde Diskussion hatte der Kontrolleur sie fahren lassen.

Die meisten Plätze auf der kleinen Terrasse des Dolce Vita waren frei. Ich steuerte auf einen Stuhl neben der Straße zu, mir erschien es wichtig, schnell flüchten zu können. Sollte hier ein italienisches Missverständnis aufkommen, war ich als Erste im Auto, das sich in Sichtweite befand.

Lollo setzte sich neben mich, dabei ließ er sich nicht lange auffordern, seinen Arm auf meinen Stuhl zu legen.

Ich kündigte an, uns allen ein paar Schnäpse zu holen.

Der Innenbereich war ausschließlich mit schwarzen Möbeln eingerichtet. Es hatte etwas Verruchtes und den Charme einer Spielhalle in Bahnhofsnähe. Über der Theke hing eine Girlande aus Herzen, die bis zur Eingangstür reichte. Im hinteren Teil saßen ein paar ominöse Gestalten auf Barhockern, sie trugen Lederjacken, obwohl es warm in der Bar war. Sie schienen sich nichts zu sagen zu haben. Das Personal ließen sie nicht aus den Augen.

Ich stand vor der Theke, die aus schwarzem Stein gefertigt war, und klopfte mit den Fingern auf die Fläche, bis der Barmann kam. Er ließ sich weder zu einem Wort noch zu einem Lächeln hinreißen. Offenbar erwartete er von mir Dankbarkeit, dass ich die Bar hatte betreten dürfen.

Ich bestellte Schnaps für uns alle und vermied es, zu lächeln, obwohl mir das in meinem Zustand nicht leichtfiel. Mein Blick wanderte immer wieder zu den Männern im hinteren Teil der Bar. Sie starrten in die Leere oder kratzten sich am Hals. Ohne einen Ton zu sagen.

»Was willst du noch mal?«, fragte mich der Barmann.

Ich wiederholte meine Order, und er brachte ein Tablett mit Limoncello.

»Was soll ich denn mit diesem tiefprozentigen Schrott? Cazzo!«

Ich legte einen Schein auf den Tresen, bekam aber kein Wechselgeld so spät in der Nacht.

»Das ist der Grund, warum dieses Land zugrunde geht«, rief ich und ging wieder nach draußen.

Dort war eine Diskussion zwischen Silvia, Jessica und Lollo außer Kontrolle geraten, und ich musste nichts weiter tun, als mich dazuzusetzen und das Schauspiel zu genießen.

»Ich sage dir, er hat sie geknallt.«

»Ach, so ein Quatsch.«

»Doch, hat er. Von allen Seiten.«

Egal, wo man in Europa ist: Es geht immer darum, wer wen geknallt hat. Millionen von Menschen auf diesem Kontinent, die sich jede Sekunde darum Gedanken machen, wie wann und mit wem gevögelt wurde.

Auch ich wollte mich näher mit dieser Frage beschäftigten. Ich rückte meinen Stuhl an Lollos. Sein warmer, weicher Geruch stieg mir in die Nase.

Er verstummte ebenso, wie ich verstummt war. Es schien mir, als wären wir beiden der Ruhepol in dieser lauten, modenesischen Nacht.

»Möchtest du nicht auch gerne wissen, ob er sie geknallt hat?«, fragte Lollo mich jetzt.

»Viel mehr will ich ja wissen, ob sie ihn geknallt hat«, antwortete ich.

Er lehnte sich zurück in seinen Stuhl, beobachtete weiter die Diskussion, die er zu seinem Leidwesen auch noch in den einzelnen Details verstand. Ich hingegen war mit sprachlicher Ignoranz gesegnet.

»Es ist schon morgen«, sagte Lollo. Er berührte seinen Arm, seine Uhr. »Ich wollte dich eigentlich gestern nach einem Date fragen.«

»Dann fragst du mich halt für übermorgen«, sagte ich.

»Übermorgen esse ich mit meinem Großvater«, sagte Lollo. »Der hat sich ein Grab in Piemont ausgesucht und will vor dem Kauf wissen, ob sein Enkel ihn auch besuchen kommt.«

Ich schaute zum Horizont, ein leichter orange-dunkler Strahl zog sich durch die nächtliche Schwärze, die von wenigen Sternen heimgesucht worden war.

Lollo lehnte sich nach vorne. »Wir sollten gehen«, sagte er. Ich schaute zu meiner Cousine, suchte ihren Blick. Ich hörte, dass sie keinen Satz mehr formulieren konnte, geschweige denn ihre Hände zu ihren Erzählungen dirigieren. Ich hörte, wie sie sich wiederholte, aufbäumte, um dann immer wieder in sich zusammenzusacken. Sie schaute zu Lollo, immer wieder, zwischendurch, unsichtbar für alle anderen, außer mir. In diesem Moment sah ich mich selbst.

»No«, flüsterte ich, für niemanden sonst hörbar. »Das kann ich nicht.«

Lollo stand auf, er verabschiedete sich. Dabei räusperte er sich ein wenig wie einer, der einen Teilverlust eingefahren hatte und auf einen besseren Morgen wartete. Ich sah ihm eine Weile nach, er machte keine Anstalten, in ein Taxi zu steigen, er ging einfach weiter.

Aber ich kannte Typen wie ihn zur Genüge. Jene, die das Interessanteste von sich an den Anfang einer Begegnung stellten. Die sich als Intellektuelle darstellen, die ihre humanitären Ideen und ihren exorbitanten Musikgeschmack an jede Frau verkauften, die getrunken hatte. Plötzlich hatte das alles keinen Reiz mehr für mich, denn es war zu einfach.

»Fahren wir besser«, sagte meine Cousine. »Mir ist schlecht.« Sie fiel fast vom Stuhl, auf den sie sich gerade erst hochgerobbt hatte.

Silvia und ich nahmen sie unter unsere Arme.

Ich fragte sie, ob sie sich in der Lage fühlte, uns sicher nach Hause zu fahren.

»Ach, das sind doch nur zehn Minuten«, winkte Silvia ab, während sie sich im Seitenspiegel die Locken zähmte.

Dann setzten wir uns ins Auto und fuhren los.

»Ich hab dir doch gesagt, dass es kein Problem ist, wenn wir aus dem Dolce Vita kommen«, erklärte meine Cousine vom Beifahrersitz aus. »Guck mal, da sind die carabinieri, wir können es dir sogar beweisen, dass das kein Problem ist.«

Fuck, dachte ich. Cazzo, cazzo. Du großer italienischer Schwanz. In Deutschland war ich noch nie in eine solche Situation gekommen. Meine Eltern hatten mir seit meinem bestandenen Führerschein eingetrichtert, niemals betrunken zu fahren. Ich hätte eher eine Kirche angezündet, als mich besoffen hinters Steuer zu setzen.

Am Straßenrand sah ich die beiden Beamten. Einer hielt die rote Kelle raus. Der andere lehnte am Polizeiwagen, der bei Weitem nicht so gepflegt war wie jene in Deutschland.

Silvia blinkte rechts ab, um sich hinter ihnen einzureihen. Sie schaute in den Rückspiegel, zog ihre Lippen mit dem Finger nach, dann setzte sie ein Lächeln auf, wie ich es den ganzen Abend nicht an ihr gesehen hatte.

Es bequemte sich nur einer der Beamten an unser Fenster. Es war der Jüngere, er war vielleicht um die dreißig. Die Haut tief gebräunt, die Zähne leuchtend weiß. Zwischen den Lippen hing eine Zigarette.

»Wo wollen wir denn hin um diese Uhrzeit?«, fragte er.

»Nach Hause«, sagte meine Cousine. »Wir sind müde und wollen schlafen.«

Ich wunderte mich, wie gut sie sich ausdrückte trotz ihrer Betrunkenheit.

Der carabiniere schaute sich um, schaute in die Nacht, dabei nahm er einen Zug von seiner Zigarette und presste seine Augen für eine Sekunde zusammen.

»Habt ihr getrunken?«, fragte er. »Avete bevuto, eh?«

Er verkaufte sich als unser Komplize, aber dafür schienen meine Begleiterinnen nicht anfällig.

Silvia schnalzte und hielt es nicht für nötig zu verneinen.

Ich hielt es für richtiger zu lügen, eiskalt zu lügen, aber ich musste mich aus dieser Nummer raushalten. Ich war Ausländerin in einem Land, das die Immigration als einer ihrer lästigsten Faktoren ansah. Also beschloss ich, ein einziges Mal im Leben meine Fresse zu halten.

»Hört zu, ragazze, ich kann euch nicht fahren lassen«, sagte der Beamte. »Impossibile.«

»Vielleicht hatte ich es vergessen zu erwähnen. Aber wir kommen aus dem Dolce Vita«, schlich sich die Stimme meiner Cousine in seine Worte.

Der carabiniere nahm einen weiteren Zug seiner Zigarette, dieses Mal schien sie ihn an einer Stelle im Hals zu erwischen, der außerordentlich kratzte. Er spuckte seine Zigarette wie im Affekt auf die Straße.

»Schönen Abend noch«, er klopfte auf das Autodach.

Silvia kurbelte das Fenster in Windeseile hoch und fuhr

los. Bald sahen wir das Auto der carabinieri neben uns. In diesem Moment brach meine Cousine, meine liebste cugina, mit der ich vor fünfzehn Jahren zu Laura Pausini getanzt hatte, einen Schwall Aperol auf die Straße.

Ich strich ihr über den Rücken. Silvia lachte laut, als wir an dem Polizeiwagen vorbeifuhren und an den carabinieri, die uns nur hilflos anzuschauen schienen, als würden sie sagen: »Ja, was sollen wir denn machen? Ihr wisst genauso gut wie wir, dass die Mafia mächtiger ist als wir alle zusammen. Also demütigt uns nicht und zieht ab.«

Ich stellte mir vor, wie ich selbst Teil einer dieser famosen Familien war. Wie mein Vater mich überall als seine principessa vorstellte und ständig Geschäfte zu erledigen hatte, von denen weder ich noch meine Mutter etwas wissen durfte. Vielleicht war das der Grund dafür, dass er nie über seine Vergangenheit gesprochen hatte.

»Ouh!«, hörte ich die versoffene Stimme meiner Cousine jetzt vom Vordersitz. »Lass dich nicht von Lollo einlullen, kapiert?« Sie hustete einen Brocken aus, den sie als Letztes auf die Straße spuckte.

Ich versuchte, ihr zuzuhören, ohne dass ich sie dabei anschauen musste, ohne dass ich dabei in ihren Mund schauen musste, aus dem schreckliche Dinge gekommen waren.

»Hat er dir die Geschichte von seinem Großvater erzählt? Glaub mir, ich bin auch schon mal drauf reingefallen.«

»Er hat nichts weiter gesagt«, antwortete ich.

Aber ich dachte: Lass die Finger davon. Lass es einfach bleiben. Es ist in diesem Land eine Sache der Ehre, sich nicht mit einem Mann einzulassen, der eine Frau in deiner Familie verletzt hat. Auch bei den Mafiosi gibt es einen Ehrenkodex, der unter allen Umständen eingehalten werden muss: Frauen werden nicht umgebracht.

Zwar klingt dieses Konzept drastisch und es wird in den neueren Familien aufgeweicht. Wenn es aber um die Solidarität unter Frauen geht, wird es Zeit, dass wir ebenso einen Kodex aufsetzen. Es gibt keinen Grund dafür, das Ego eines Mannes aufzupolieren, der offenbar keine Scham hat, sich im selben Rudel umzuschauen. Damit sollte Schluss sein, wenn unsere sorellenza, unsere Schwesternschaft, in Gefahr war. Wer eine meiner Frauen verletzt, bekommt es mit mir zu tun. Die Welt war zu gefährlich geworden für die sich immer stärker emanzipierende Frau, die daran krankte, ein ständiges Opfer zu sein. Je mehr wir erreichen, desto mehr müssen wir kämpfen.

Lange Zeit hatte ich den italienischen Teil in mir versteckt gehalten in einem Deutschland, in dem Emotionen als Schwäche gelten. Aber was hatte uns das je gebracht, außer wirtschaftlichen Erfolg? Europa braucht nicht nur eine kühle Denke, wenn es darum geht, Extremisten und Populisten zu bekämpfen. Europa braucht italienische Verletzlichkeit.

Wie oft hatte ich meine Gefühle heruntergeschluckt, nur weil ich nicht wollte, dass mich meine Freunde als Dramaqueen bezeichneten, weil sie in einer Kultur lebten, die Gefühle als Krankheit verteufelte?

Das italienische Blut, das Feuer, die Leidenschaft und die Eifersucht waren ein Familienerbe; mein Großvater war in der Nähe eines Vulkans geboren. Wie sollte ich mich dem entziehen? Wie sollte ich ein Leben ohne diese Wahrheit führen, für die ich rein gar nichts konnte? Ich musste mich fügen. Ich wollte. Für mich, für Europa, für die Familie. Die Familie war das Wichtigste.

# 7

## Sizilien

Ich fuhr weiter in den Süden, zu den terroni, den Erd-fressern, wie die Norditaliener sie nannten. Die Süditaliener wiederum nannten diese polentoni, was eine weitaus angenehmere Beleidigung war, weil sie nur auf die norditalienische Spezialität Maisgrieß abzielte – und nicht auf eine gesamte Agrarwirtschaft.

Sechs Stunden dauerte die Zugfahrt von Modena nach Neapel, dort nahm ich ein Schiff nach Palermo. Über Nacht brachte mich der Dampfer auf die Insel.

Der Porto di Palermo befindet sich in verführerischer Erreichbarkeit der tunesischen und libyschen Schlepper, auch wenn es einen kleinen Schlenker in Richtung Norden erfordert. Weitaus häufiger werden die Ankömmlinge vor der Insel Lampedusa von Hilfsorganisationen oder der Marine gerettet und später weiter nach ganz Italien transferiert. Ich war selbst vor einigen Jahren dort, um mir die Situation genauer anzuschauen, und rühmte mich seitdem mit meinem Einsatz, um interessanter auf meine Mitmenschen zu wirken.

Süditalienische Städte sind nicht unbedingt mit dem Reichtum gesegnet, die die Europäische Union für sie vorgesehen hat. Schließlich landen die öffentlichen Gelder, die für ganz Italien gedacht sind, zunächst in Rom – von dort aus kommen sie oft nicht weiter.

Und doch sehen ihre Bewohner es als ihre Pflicht an, Notleidenden zu helfen. Der Süden ist von Rom längst vergessen worden, stattdessen wird er von einer exzellent laufenden, wenn auch illegalen Organisation betreut. Die Mafia spielt hier eine große Rolle. Sei es, wenn es darum geht, den Müll von der Straße zu schaffen, oder eine Kleinstadt nach einem Erdbeben wieder aufzubauen.

Ich hatte im Zug ein wenig über die Mafia gelesen, obwohl ich wusste, dass die Italiener es hassten, wenn ihr Land auf ihre Existenz reduziert wurde. Die Familien, die heutzutage in Norditalien operierten und offenbar auch im modenesischen Club Dolce Vita, waren weit weniger mörderisch ausgerichtet als jene im Süden. In der Lombardei, der Toskana oder der Emilia-Romagna legte die Mafia ihren Fokus auf den finanziellen Aspekt. So hat sie nicht nur vom Wiederaufbau nach dem Erdbeben 2012 in der Emilia-Romagna profitiert, sondern auch von der EXPO in Mailand. Im Süden finden Ehrenmorde und Bandenkriege statt.

»Es ist die Mafia, die die Dinge in die Hand nimmt, wenn der Staat nichts auf die Reihe bekommt«, hatte mein Vater mir als Jugendliche auf die Frage erklärt, warum diese Organisation Italien so erfolgreich korrumpiert.

»Aber sie macht doch auch Geld damit?«, hatte ich gefragt.

»Sicher tut sie das, aber das Ansehen in der Bevölkerung ist ihr wichtiger: Respekt ist stärker als ein Geldschein.«

Es herrschte eine eigenartige Stimmung im südlichen Teil des Landes. Mich hatte dieses Gefühl der Unruhe schon auf der Hälfte der Überfahrt gepackt, und hier in Palermo breitete es sich immer mehr in mir aus. Es war diese Energie auf den Straßen, die mich verzweifeln ließ. Das Schreien, das

Fluchen und die Motorroller, die durch die engsten Gassen umherirrten. Ich war als Kind das letzte Mal hier gewesen, schon damals hatte mein Vater mir eingebläut, dass ich meine wertvollsten Sachen stets am Körper tragen sollte. Und schon damals waren wir von Straßenkindern beklaut worden, weil gerade er seine Tasche auf einem gut besuchten Wochenmarkt aus den Augen gelassen hatte. Von den eigenen Landsleuten hielt er seitdem nicht viel: Der größte Rassismus herrscht im eigenen Land.

Heute, einige Jahre später, wirkte die Atmosphäre auf mich hoffnungsloser, nicht mal zum Klauen schienen die Ärmsten Energie zu haben. Unter den jungen Sizilianern grassiert eine Arbeitslosigkeit von über fünfzig Prozent; viele davon verlassen die Insel, und sogar die Mafia soll dem armen Süden den Rücken kehren.

»Meine Schwester hat letztes Jahr zwei Eritreer bei sich aufgenommen«, erzählte mir eine ältere Frau in einer kleinen Bar, in der ich einen schnellen caffè an der Theke trank. Eine Gruppe Afrikaner war zuvor laut schreiend an dem Laden vorbeigelaufen.

»Irgendjemand muss sich doch um die Leute kümmern, wenn der Staat nicht eingreift, ma secondo te?« Sie verschwand in der Küche und kam auf einem Bein humpelnd mit einer Quittung zurück. Der Espresso hatte mich hier nur achtzig Cent gekostet: zwanzig Cent weniger als in Norditalien.

Ich ging weiter und erkannte prompt einen Platz in Palermo wieder, den ich in etlichen Filmen gesehen hatte. Das Teatro Massimo leuchtete in einem strahlend hellen Gelb, seine Fassade glänzte in Terrakotta. Eine warme Brise umwehte mich, während ich die Treppen nach oben nahm, um mich auf der Hälfte hinzusetzen und zu verschnaufen. Von hier aus hatte ich einen weiten Blick auf den Rest der Stadt. Es ragten Spitztürme in die Luft, von dunkelorangen Lichtern getragen. Einige waren mit Mosaiksteinen verziert oder zugespitzt wie ein Minarett. Auch am Abend hatten viele Geschäfte geöffnet, und der Großteil der Sizilianer trug Sonnenbrille, obwohl die Sonne sich längst verabschiedet hatte.

Ich sah eine junge Frau im Sommerkleid, die einen deutschen Reiseführer in der Hand hielt. Sie hatte feste Schultern und einen strengen Blick. Sie lächelte allerdings sofort, als ich sie fragte, warum die Kirchen hier aussahen wie Moscheen.

»Offenbar stand Palermo einige Zeit unter arabischer Herrschaft«, sagte sie und schaute in ihr Buch, das ihr diese Weisheiten verriet.

Ich fragte sie, wie lange sie in der Stadt bleiben würde und ob sie alleine unterwegs sei.

Sie stellte sich als Hanna vor und sagte, sie würde immer alleine reisen, denn es gäbe keinen Grund, sich von einem Freund abhängig zu machen, um die Welt zu sehen.

»Es gibt so eine Kurzgeschichte über Palermo von der Reiseschriftstellerin Margaret Fountaine«, sagte ich. Erst kürzlich hatte ich eine Anthologie von reisenden Frauen aus den letzten Jahrhunderten gelesen. »Sie ist in der Welt unterwegs, um seltene Schmetterlinge zu suchen, aber sie bändelt immer wieder mit den ansässigen Männern an.«

»Das Gute ist, dass keiner weiß, was du in der Ferne treibst«, sagte Hanna, und ich verstand.

Wir kehrten in eine kleine Trattoria unweit des Piazza Verdi ein. Ich bestellte einen Teller Oliven und Büffelmozzarella sowie ein Flasche Nero d'Avola. Das ist eine starke Rotweinsorte, die für die Region bekannt ist und einen trockenen Nachgeschmack auf der Zunge hinterlässt. Sie hat den Nebeneffekt, beim Trinkenden nach kurzer Zeit Ohnmachtsanfälle hervorzurufen.

Der Kellner im weißen Hemd und schwarzer Schürze, die bis zum Hals gebunden war, schenkte mir einen Probierschluck ein, den ich direkt ablehnte. Er sollte mir gleich die ganze Flasche hinstellen, ich hätte geringe Ansprüche und wenn er schon dabei wäre, könne er mir gleich noch eine Flasche bringen. Ich hatte den Plan, mir eine schwere, sizilianische Trunkenheit einzuflößen.

Hanna erzählte, dass sie für eine Versicherung arbeitete, und ich eröffnete ihr mein erfolgloses Künstlerdasein. Die Unterschiedlichkeit unserer Berufe reizte mich, unser gleiches Geschlecht schloss zumindest bei mir romantische Komplikationen aus und versprach tiefsinnige Gespräche über das andere.

Bei der ersten Flasche Wein tauschten wir uns hauptsächlich über unsere Jobs aus. Bei der zweiten gingen wir dazu über, uns über die sizilianische Lebensart zu amüsieren, wobei wir stets zu dem Schluss kamen, dass in Deutschland sowieso alles besser lief als im restlichen Europa.

»Hast du den Müll auf den Straßen gesehen?«, fragte Hanna und goss sich dabei einen Schluck Wein ein. »Überall liegen diese schwarzen Müllsäcke auf der Straße.«

»Und von Mülltrennung haben die auch noch nichts gehört.« Ich lachte. »Geschweige denn von einem grünen Punkt.«

Wir sagten lauter so dumme Sachen, die Deutsche von sich geben, wenn sie in der Welt unterwegs sind und meinen, sie mit ihrer arroganten Überlegenheit nerven zu müssen.

Am Ende bezweifelten Hanna und ich gar, dass sich

Brüssel für so eine Insel wie Sizilien überhaupt interessierte, dann wiederum stellten wir fest, dass es sich umgekehrt mindestens genauso verhalten musste, denn die Sizilianer sind ein stolzes Völkchen.

Ich schlug vor, dass wir auf eine andere Piazza gehen sollten und dort noch eine Flasche bestellen.

Hanna meinte, dass wir zu Härterem übergehen sollten. Sie erläuterte mir lang und breit, warum sie Rotweine nicht vertragen könne, aber Weißweine ihr zu säuerlich wären. Dies war vielleicht das einzige Mal, dass ihre Versicherungspersönlichkeit durchschien, das einzige Mal, dass ich von ihrer Spießigkeit bemerkte. Selbst das Trinken folgte einer Ordnung.

Wir schmissen jeweils einen Zehneuroschein auf den Tisch, der mehr als ausreichte für alles, was wir verzehrt hatten.

Ich nahm einen Schluck Wasser, ich hatte immer eine kleine Wasserflasche dabei, die in den südlichen, heißen Ländern Europas zu Recht nicht mehr als einen Euro kostete. Ich hakte mich bei Hanna unter. Diese blieb an der nächsten tabaccheria stehen, um eine Zigarettenschachtel zu kaufen, denn heute sei für sie ein guter Tag, um mit dem Rauchen anzufangen.

Ich tanzte ein wenig um sie herum, dann zog ich mir eine Zigarette aus ihrer Schachtel und zündete mir eine an, die nach dem Wein so viel besser schmeckte als jede andere Kippe, die ich in meinem Leben geraucht hatte.

Ausnahmslos alle Tische in den Restaurants auf der Piazza waren besetzt. Ich musste zur Seite springen, weil sich eine Vespa mit einer Kleinfamilie und einem Hund auf dem Helm des Vaters neben uns herschlängelte.

»Es ist doch eigenartig, dass meine Großeltern terrone

waren, nicht?«, fragte ich Hanna, die sich urplötzlich im Gespräch mit einem jungen Sizilianer befand.

»Ich fühle mich meinen Verwandten ja verbunden, aber«, ich setzte mich auf den Bordstein und landete mit meinem Flipflop in einer Eiskugel, die jemand auf der Straße verloren hatte. »Sie sind auch verdammt nervig.«

Ich stand wieder auf, war in eine regelrechte Tirade verfallen. »Hörst du mir überhaupt zu?«

Hanna bekam gerade die Zunge des Sizilianers in den Hals gesteckt. Ich sah erst jetzt, dass er blonde Haare hatte, was sehr untypisch für die Region ist. Ich tippte ihm auf die Schulter, zog leicht an Hannas Kleid. Sie hielt eine halb aufgerauchte Zigarette in der Hand, die sie zwischendurch weiterrauchte, um dann wieder mit dem Typen zu knutschen. Mit der anderen scheuchte sie mich permanent weg wie einen lästigen Kater, der ein paar Jahre keine Wurmkur bekommen hatte.

Die Tische leerten sich. Einige der Geschäfte ließen bereits die Rollläden herunter. Hannas Sizilianer begrüßte einen Freund mit Handschlag, der in Windeseile seine stinkende Vespa aufgebockt hatte.

»Wer bist du denn, bella?«, fragte er und legte eine Hand auf meinen Hintern. Mit dem Wissen, dass Italiener das Attribut »schön« so inflationär benutzten, wie wir Deutsche unsere Emojis, schubste ich ihn weg. Ich konzentrierte mich auf meine Betrunkenheit, die ich gedachte, aufrechtzuerhalten.

Wie zum mitternächtlichen Donnerschlag kam nun eine Horde Rollerfahrer auf die Piazza gefahren. Sie bildeten einen Kreis um uns. Die beiden aufdringlichen Sizilianer, so stellte sich schnell heraus, waren ihre Freunde.

Hanna, die immer noch schwer beschäftigt schien, aber

sichtlich Probleme bekam, Luft zu holen, nutzte diese Pause, um näher an mich heranzurücken.

Mein sizilianisches Exemplar hatte die Arme vor der Brust verschränkt und suchte im nächsten Moment nach etwas in seiner gefälschten Umhängetasche. Er steckte sich einen Kaugummi in den Mund, als würde er sich auf etwas vorbereiten, von dem ich keine Ahnung hatte, ob ich das überhaupt wollte.

Immer mehr Rollerfahrer kamen auf den Platz gefahren. Sie waren alle im selben, jugendlichen Alter und trugen schwarze, braune und beigefarbene Umhängetaschen. Einige hielten ein Bier in der Hand. Anders als im Norden hatte ich hier das Gefühl, dass ein Freitagabend nach einer schweren Alkoholindizierung verlangte. Es gab eine Menge Probleme im Land und keine Arbeit. Hatten sie denn eine Wahl?

»Ihr seid aber nicht diese Baby-Killer, oder?«, fragte ich meinen Verehrer.

»Cosa?« Er drehte sich zu seinen Freunden, suchte offensichtlich nach Rat. »Was hast du gesagt?«

»Na, diese jugendlichen Rollerfahrer, die durch die Straßen fahren und dann für die Camorra auf offener Straße Menschen umbringen«, erklärte ich.

Hanna versuchte sich von mir zu entfernen, offensichtlich war die Bekanntschaft mit mir doch nicht diese gute Idee, die sie am Anfang des Abends hatte.

Ich ahmte Schießgeräusche nach, formte mit der Hand eine Pistole, die jeden der Rollerfahrer abschoss. »Baby-Killer, no?«

Die Jugendlichen starrten uns an.

»Ist die verrückt?«, fragten sie Hanna, die auf ihren Rotwein zeigte und andeuten wollte, dass wir zu viel gesoffen hatten.

»Die Camorra ist aus Neapel«, erklärte mein Verehrer ernst. »Hier herrscht die Cosa Nostra, capisce?«

Die Jungs wurden immer zudringlicher. Einer packte Hanna an die Brust. Es entstand ein Handgemenge zwischen uns und eine leichte Schubserei. Ich rief nach den carabinieri, die am anderen Ende des Piazza reihenweise Rollerfahrer kontrollierten. Diese schauten nur kurz auf und dann wieder auf ihre Papiere. Unsere körperliche Unversehrtheit schien nicht von Interesse zu sein.

»Was macht ihr da mit den Mädchen?«, rief eine Stimme zu uns rüber.

Ich konnte die dazugehörige Person nicht erkennen, das Licht schien noch dunkler, seit die carabinieri auf dem Platz waren.

»Macht, dass ihr wegkommt, habt ihr gehört?«

Ein junger Mann mit braunen Dreadlocks und einer halb abgerissenen Umhängetasche, aus der ein paar Zettel herausragten, stellte sich zu uns.

Die Rollerfahrer bockten auf und machten sich, so schnell es ging, davon. »Da kommt Alberto«, hörte ich einen flüstern.

»Seht zu, dass ihr wegkommt«, schrie der junge Mann ihnen nach. »Vai, vai, vai!«

Hanna warf ihre Zigarette hinter den Typen her, die davon aber nichts mehr mitbekamen.

Alberto atmete durch. Er fragte uns, ob alles in Ordnung war, und heiterte uns mit seinen selbst geschriebenen Gedichten auf, die er auf der Straße verkaufte.

Er kramte in seiner Tasche herum und überreichte mir eines seiner liebsten Exemplare, wie er sagte; im Kopf versuchte ich schnell zu übersetzen. Es war in freier Versform geschrieben. Seine Zeilen drangen mit so einer gewaltigen

Wucht in mein Herz ein, dass ich mich einen Moment auf den Bordstein setzen musste.

Ich faltete den Zettel wieder zusammen, fragte ihn, ob er das wirklich selbst geschrieben hatte. Ich war skeptisch, er sah nicht aus wie ein Analphabet, andererseits auch nicht wie ein Intellektueller. Er hatte in einem Gedicht mehr Sinn aufs Papier gebracht als ich in zehn Jahren.

»Kaufst du es?«, fragte Alberto.

Er drehte sich eine Zigarette, die er aus den liegen gebliebenen von der Straße zusammengebröselt hatte.

»Es wäre mir eine Last, ein Gedicht solcher Wucht mit mir herumzutragen und zu wissen, dass ich so gut nie werden könnte«, sagte ich, während ich in meiner Tasche nach ein paar Euro kramte und ihm mein letztes Kleingeld gab. Dann überreichte ich ihm den Zettel wieder.

»Warum lebst du auf der Straße?«, fragte ich ihn jetzt. »Du bist doch jung und hast sicher eine Familie?«

Er antwortete, dass er keinen Kontakt mehr zu seinen Eltern habe. Auf der Suche nach einem Job, was in Süditalien ziemlich aussichtslos sei, sei er mit ein paar Leuten aneinandergeraten, die sich hauptsächlich damit beschäftigt hätten, anderen Leuten Geld abzuziehen. Die Rollerfahrer hätten heute nur diesen Respekt vor ihm gehabt, weil er im Clan hochgestiegen sei und einen gewissen Ruf in Palermo genösse.

»Irgendwann konnte ich das nicht mehr. Ich konnte nicht mit dem Gedanken leben, dass ich von anderen alles nahm, was mir selbst fehlte.«

Ich schaute in sein glattes Gesicht und seine tiefbraunen Augen. Seine Erzählungen waren so weit von meiner Lebensrealität entfernt, dass vermutlich jeder meiner Ratschläge ihn beleidigt hätte. Ich hätte gerne gesagt, dass die Zeiten besser würden, auch für den Süden Italiens. Ich hätte ihm gerne vorgeschlagen, dass er nach Deutschland gehen könnte, da gäbe es genug Arbeit und Geld. Aber vielleicht war er glücklich auf der Straße, vielleicht hatte er sich mit seinem neuen Leben abgefunden. Vielleicht war die Europäische Union für ihn lange nicht so wichtig wie für uns, die wir von ihr profitierten.

»Guckt mal, was ich gefunden habe«, rief Hanna von weit her. Mir war nicht aufgefallen, dass sie für eine kurze Zeit verschwunden war. Sie trat gegen einen riesigen Berg schwarzer Mülltüten, die Anwohner auf die Straße gestellt hatten.

»Der Streik greift wieder um sich.« Alberto grinste. »Vor ein paar Monaten haben sich die Müllmänner vier Wochen lang nicht blicken lassen. Dieses Mal waren es nur zwei.«

»Und was passiert dann?«, fragte ich ihn.

»Dann regen die Leute sich auf, aber noch mehr regen sie sich auf, wenn jemand sich nicht solidarisch gegenüber der Arbeiterklasse zeigt. Sie sind alle verrückt.«

Alberto und ich gingen langsam auf Hanna und die Müllberge zu. Wie sie dort aufgebahrt lagen in der Nacht wie ein großer, schwarz glitzernder, stinkender Haufen. Hanna war vollends damit beschäftigt, gegen einzelne Müllsäcke zu treten, sie fiel fast hintenüber bei dem Versuch, einen Fußball daraus zu formen. Sie steckte sich zwei Kippen zwischen die Lippen. Sie schien vollkommen wahnsinnig geworden.

Ich rief einen Schlachtruf, und dann liefen Alberto und ich auf die Säcke zu und traten wie Wilde darauf ein. Wir schusterten uns diese gegenseitig zu, achteten dabei immer darauf, dass der Inhalt nicht auf die Straße landete und sie noch mehr verschmutzte. Hanna und ich waren nach einer

Weile so in das Spiel vertieft, dass wir gar nicht bemerkten, dass Alberto längst gegangen war.

»Was ist das denn?«, rief ich Hanna über die Müllberge zu. In der Ferne sahen wir die Kolonne an Müllwagen auf uns zukommen wie eine Reihe von Panzern. Die Lichter auf den Autodächern leuchteten klar über die zu dieser Uhrzeit leeren Straßen. Wir tanzten um die Müllsäcke herum, wir hatten noch lange nicht genug. Gerade steckten wir uns gegenseitig eine Zigarette an, als einer der Müllmänner vom Wagen sprang und seine Arme dabei in den Himmel erhob.

»Ehi, ragazze, was zum cazzo macht ihr da?«, rief er. »Da will man nur ein einziges Mal seiner Arbeit nachgehen, und dann steht ihr uns hier im Weg. Seht zu, dass ihr verschwindet!«

Wir liefen kichernd davon, wie zwei Mädchen, die beim Mäusepingeln erwischt worden waren. Wir liefen in den verlassenen Straßen Palermos umher und konnten nicht mit dem Lachen aufhören. Wir waren dem geheimen Wahrzeichen der Stadt, den schwarzen Bergen an Müllsäcken, näher gekommen als jeder andere. Und jetzt sahen wir den Arbeitern dabei zu, wie sie diese in einen Wagen einluden, für immer als kulturelles Erbe verloren.

# 8

## Von sympathischen Nazis und griechophoben Rentnern

Italien hatte in mir ein rauschendes Fest hinterlassen. Jetzt hatte ich erst einmal genug vom Alkohol. Monatelang hatte ich in fremden Betten geschlafen und mich an verschiedene Zeitzonen gewöhnt. In London war es eine Stunde früher als in Frankfurt und in Griechenland eine Stunde später: Ein gemeinsamer Zeitsinn vereinte uns Europäer schon mal nicht.

Ich brauchte Abstand von dieser nichtsnutzigen Sauferei. Mir war es zuwider, mich noch ein einziges Mal für etwaige Eskapaden auf Alk zu entschuldigen oder mit einem Magenknurren aufzuwachen, das mich den ganzen Tag aus dem Verkehr zog. Ich war an einem Punkt angelangt, an dem ich vor dem Alkohol kapitulieren musste.

Schon vor Monaten hatte ich mit meiner Mutter ausgemacht, dass wir uns im Spätsommer auf Rhodos treffen würden. Diese Reise hätte zu keinem besseren Zeitpunkt kommen können, niemand verabscheute den Alkohol so sehr wie meine Mutter. Meine gesamte Adoleszenz hatte sie versucht, mir das Nervengift auszutreiben, während mein Vater damit beschäftigt war, mir Männer madig zu machen. Herzlichen Glückwunsch. Heute waren dies meine zwei größten Abhängigkeiten.

Auf Rhodos herrschten einunddreißig Grad. So zahlte sich die Nähe zu Nordafrika für die Urlauber aus, während sie für andere die Hoffnung auf ein neues Leben darstellte. Auf Rhodos kamen nur wenige Flüchtlinge an. Die wichtigsten Anlaufstationen stellten immer noch Kos und Lesbos. Das war mir nicht unrecht, denn ich wollte diese Woche nutzen, um ein einziges Mal nicht über Politik zu diskutieren.

Das Hotel hatte ich gewählt, weil es der Beschreibung nach für junge Familien und Rentner geeignet war. Keine Saufgelage und all-nighter, keine pseudopolitischen Gespräche über die verheerende Situation in Griechenland mit betrunkenen Weltverbesserern, wie ich eine war. Aber war es nicht der Mensch, der die Umstände anzog, und nicht andersherum? Ich ahnte bereits, dass sich dieser Plan in nichts auflösen würde, sobald ich auch nur in die Nähe griechischer Spirituosen kam. Frauen wie ich, die wollen in Schwierigkeiten kommen. Die wollen Ärger. Und wenn die Griechen nicht allesamt Stalker waren oder an Mundgeruch litten, wenn Tsirpas nicht gerade erst eine Prohibition unterschrieben hatte, dann waren meine Vorkehrungen vollkommen nutzlos.

Am Flughafen herrschte griechisches Chaos. Wir waren eine halbe Stunde zu spät gelandet, weil Brüssel uns keine Landeerlaubnis erteilt hatte. Europas Flugraum war zu dieser Jahreszeit überlastet. Jetzt warteten meine Mutter und ich mit Dutzenden von Urlaubern am Gepäckband.

»Du musst dich da durchkämpfen«, flüsterte sie mir über die Schulter zu.

»Der Rat kommt zwanzig Jahre zu spät, Mama«, flüsterte ich zurück.

Ich stellte mich gesittet an. So, wie ich von der Person

neben mir erzogen worden war. Unser Band spuckte die Koffer aus acht Fliegern aus. Ich schaute mir das Geschehen aus der Entfernung an, obgleich es mir schwerfiel, mich mit meinen Kommentaren zurückzuhalten. Als Deutsche im Urlaub ist man ständig dazu geneigt, einen Verantwortlichen zu suchen, dem man auf die Finger schauen kann. Man will Meetings einberufen, sich beschweren, das Land optimieren. Dann, nach ein paar Tagen, dürstet es einen wiederum nach der südländischen Leichtigkeit – bis der Bus zum Flughafen Verspätung hat.

»Kommst du?« Meine Mutter hielt unsere Koffer in der Hand, sie schien ziemlich auf dem Sprung. Ich wollte gar nicht wissen, wie sie das geschafft hatte, und düste mit ihr ab.

Im Dunkeln sah ich schemenhaft die großen Palmen, die die Insel bevölkerten. Der Reisebus fuhr an weißen Bungalows vorbei. Auf den Treppen waren dunkelblaue Mosaiksteinchen angebracht worden. Die Sonne verabschiedete sich zunehmend, hinter den Leitplanken stürmte die graue Suppe hervor, die sich am Morgen in türkisblaues Meerwasser verwandeln würde. Nach zwei Stunden waren wir an unserem Zielort angekommen. Der Bus fuhr auf den Parkplatz vor das weiße Hotel, das als ein einzelner Klotz in der Gegend verloren wirkte.

Hinter der Rezeption war ein Innenhof, von mehrstöckigen Bungalows eingekreist. Hier befand sich auch unser Apartment hinter einem Treppenaufgang. Ich ließ mich samt Rucksack aufs Bett fallen und trieb in dem Meer aus Stoff, das mich für eine Weile vergessen ließ, wo ich war.

Meine Mutter weckte mich am frühen Morgen. Sie schlug vor, an den Strand zu gehen. Auf dem Weg über den Innenhof hörte ich bereits das geisterhafte Rauschen, das Zirpen und Ziehen an den Olivenbäumen. Meine nackten Füße gruben sich durch den sanften Kies. Ich setzte meine Sonnenbrille auf und ging in Richtung Strand, ignorierte die Urlauber, die sich am Frühstücksbüfett tummelten. Ich hatte keine Lust auf Unterhaltungen. Hatte keine Lust auf Begegnungen und Erzählungen aus dem langweiligen Leben anderer Leute.

Aber das schien alles zu sein, auf das die Menschen in dieser Pauschalwelt Wert legten. Sie waren schlicht darauf aus, all das auszuleben, was sie das ganze Jahr über nicht hatten: Weltoffenheit, tiefgehende Gespräche, politische Diskurse. Für mich gab es nichts anderes zu tun, als in der Sonne zu liegen, Bücher zu lesen und andere Menschen anhand ihres Aussehens zu beurteilen.

Meine Mutter und ich hatten uns zwei Liegen am Strand mit dem Handtuch reserviert und sonnten uns unter einer riesigen Palme. Schon nach wenigen Stunden hatten wir alle Hotelgäste kategorisiert. Zwei Frauen, die gegenseitig das Gesicht der anderen auf die Wade tätowiert hatten, schienen lesbisch zu sein, vielleicht verheiratet. Ringe konnten wir aus der Entfernung nicht erkennen. Neben ihnen lag ein älterer Mann mit einer Wampe in der prallen Sonne, er atmete schwer. Seine Frau, die auch schon in die Jahre gekommen war, laberte ihn mit ihrem beeindruckenden Mundwerk zu.

»Gut, dass wir dieses Jahr auf Rhodos sind«, plapperte sie auf ihn ein. »Auf Kos, da waren nur Asylanten. Die haben überall hingeschissen, weißt du noch?« Die Frau stieß ihrem Mann in die Hüfte. »Jetzt sag doch mal, ob du das noch weißt, Ronny!«

Ronny aber rührte sich nicht, auch wagte er es nicht,

seinen Mund zu öffnen. In stiller Zustimmung drehte er seine Nase weiter in die Sonne. Einiges nahm er auf sich, um von dieser Frau wegzukommen.

Als diese nun bemerkte, dass wir sie beobachtet hatten, sprach sie uns an: »Ihr seid im Zimmer neben uns, oder? Wenn ihr mögt, können wir morgen zusammen frühstücken. Trinkt ihr lieber Kaffee oder Tee?«

Offensichtlich gehörten sie zu einer Gruppe ganz bestimmter Pauschalreisenden. Ich taufte die beiden die sympathischen Nazis. Oberflächlich konnte man sich nett mit dieser Spezies unterhalten. Bis man auf das falsche Thema kam.

»Also wir haben nur tausendvierhundert Euro für zwei Wochen Rhodos bezahlt«, erzählte die Frau. »Früher konnten wir uns wenigstens noch Luxushotels leisten. Das ist jetzt vorbei.«

»Das waren noch Zeiten, als Merkel nicht jedem alles in den Arsch gesteckt hat«, sagte Ronny. Es war das erste Mal, dass ich ihn sprechen hörte. »Wir sind nur in Griechenland, um uns unser Geld zurückzuholen, das wir in dieses Armenviertel hier gesteckt haben.«

Seine Frau zog ihre Tasche fest auf die Schulter. »Das darf man sich gar nicht vorstellen, was da an Summen für uns verloren gegangen sind. Da darf man am besten gar nicht drüber sprechen. Vor allen Dingen nicht in Griechenland.«

Ronny wedelte mit der *Bild*-Zeitung vor ihrer Nase herum. »Da können wir uns alle bei Frau Merkel bedanken«, sagte er, während seine Frau nickend zustimmte. »Die hat das alles zu verantworten, dass jeder in unser Land darf.«

»Ich war letzten Sommer auf Lampedusa«, rief ich den beiden von meiner Liege aus zu. »Die haben da gar nichts zu lachen, kapiert?«

»Das haben sie sicher nicht.« Ronny schien plötzlich nachdenklich zu werden. »Aber was habe ich damit zu tun?«

Es ist immer das Gleiche: Im Urlaub begegnest du ausschließlich den besserwisserischen Deutschen, die ihre Meinung auf dich loslassen, als gäbe es keine Bundestagswahlen mehr. Diese aufrechten Menschen hatten jetzt Zeit für alles, die wollten ihre Wut im Urlaub rauslassen. Vor allen Dingen wollten sie nur mit Menschen zu tun haben, die genauso dachten wie sie selbst.

Ich stapfte ins Meer, schnorchelte unter der Wasserdecke, in die die Sonnenstrahlen wie kleine Schwertspitzen eindrangen; ich verfolgte einen gelben Fisch und tauchte weit hinter einer Boje wieder auf. Das Wasser war so klar, dass ich den Boden aus feinem Sand erkennen konnte. Ich drehte mich auf den Rücken und streckte die Arme aus. Ich lag auf einem warmen Wasserbett. Wenn du kein Zuhause hast, kann eine Meerdecke dir Halt geben. Ich beobachtete die griechischen Arbeiter am Strand, die bei schwerer Hitze einen Graben aushoben. Ich beobachtete die Kellner und Barmänner, die mit ihrer Stirn voller Schweiß lächelten, die ihre Münder entspannten, sobald sie sich wegdrehten. Dann tauchte ich unter, in der Hoffnung, nie wieder an den Strand zu müssen.

Dabei waren die Griechen nicht das Problem. Sie hatten es schwer genug. Die Barmänner, die Kellner, die Köchinnen: Sie versuchten den Gästen jeden Wunsch von den Augen abzulesen. Aber beim leisesten Anflug von Kritik schienen sie sich rechtfertigen zu wollen, wurden aufbrausend, diskutierten stundenlang über so etwas wie einen zu kalten Teller. Dass wir – die Deutschen, Polen, Tschechen, Engländer und

Italiener – die letzte Hoffnung einer erkrankten Wirtschaft waren, gaben sie uns nicht zu spüren. Am Ende waren es die Touristen selbst, die, bewaffnet mit ihren Vorurteilen, ein Arsenal der feindlichen Freundlichkeit in diesem Hotel errichteten.

»Wir sehen uns dann, ja?«, rief uns die Frau hinterher, als wir den Strand verließen. Es würde unmöglich werden, den sympathischen Nazis auszuweichen.

Vor dem Schlafengehen rauchte ich eine Zigarette vor dem Hotel. Jemand hielt mir einen Stephen-King-Roman vor die Nase und fragte: »Kennst du den?«

»Nie gelesen«, sagte ich.

So lernte ich den Nachtwächter Christos kennen: einen etwa fünfzig Jahre alten, extrem dünnen Griechen, der eine Zigarette nach der anderen rauchte. Das Buchcover war voller Asche.

Christos lächelte. »Ich lese es schon zum achten Mal. Und heute Nacht vielleicht zum neunten.«

»Wie lange musst du denn arbeiten?«, fragte ich ihn.

»Bis acht Uhr morgen früh.« Er schloss die Augen, als würde er gerne jetzt schon ins Bett gehen.

»Danach muss ich auf die Baustelle.«

Ich drückte mein Bedauern aus, lehnte mich nach vorneüber, als sei mir schlecht geworden, zündete uns beiden ungefragt eine Zigarette an und überreichte ihm seine.

»Morgen Abend kann ich ein paar Stunden ruhen, bis meine Schicht hier wieder anfängt. Aber das ist okay, so verschlafe ich den Sommer nicht«, sagte er.

Ich war beeindruckt vom griechischen Positivismus, der in seinen Worten mitschwang. Christos strahlte eine tiefe Zufriedenheit aus.

Er bot mir an, mir einen Drink auszugeben. Allerdings sei er an seine Arbeit hier gebunden. Ich sollte morgen Abend zum griechischen Tanz an die Bar gehen und dem Chefkellner sagen, dass er mich geschickt hätte. Der würde schon wissen, was gemeint ist.

Ich erwartete nicht viel von diesem griechischen Abend. Ich kannte solche Veranstaltungen aus den Pauschalurlauben meiner Kindheit: Attraktive Tänzer aus dem Dorf wurden eingeladen, um Touristen jahrhundertealte Tänze beizubringen, die diese innerhalb von Stunden beherrschen sollten.

Ich hatte tagelang nichts Flüssiges zu mir genommen, nichts außer Wasser und Olivenöl. Aber als die acht Tänzer mit dunklen Haaren und einem Versprechen in ihren Augen, das ich mit jedem von ihnen hätte einlösen wollen, auf die Bühne traten, dürstete es mich nach einem kalten Ouzo.

Das war das Problem am Alkohol. Eine tagelange Abstinenz entlohnte ich wiederum mit ihm, glaubte seine Macht so in Schach halten zu können. Dabei steckte ich tiefer in seinen Fängen, als ich es hätte zugeben können.

Vergessen würde ich die Spanier, die Italiener, zum Teufel mit den Schweden. Hier liefen griechische Männer an mir vorbei, für die ich hätte töten können.

Fast alle Tische waren besetzt, nur die sympathischen Nazis winkten uns zu sich heran.

»Diese Plätze werden sie uns wohl nicht wegnehmen, was?« Mario lachte und strich dabei seiner Frau über die Schenkel.

Ich war mir nicht sicher, ob er von Flüchtlingen sprach oder von den anderen Touristen. Aber es war mir auch egal. Die Griechen, vorrangig die griechischen Männer, waren mein Ziel. Und dafür musste ich an den Alkohol ran.

An der Theke fand ich gleich den Chefkellner beziehungsweise den einzigen Kellner für diesen Abend. Ich sagte ihm, dass Christos mich zu ihm schickte. Ohne ein Wort
goss er mir zwei Schnapsgläser ein, wovon er eines mit mir
direkt vernichtete. Die Vetternwirtschaft schien in diesem
Land hervorragend zu funktionieren. Er trug ein Namens-
schild mit dem Namen Tsampikos.

»Was war das?«, fragte ich ihn. Ich hatte Ouzo frischer
und klarer in Erinnerung.

»Das ist Tsipouro. Unser eigentliches Nationalgetränk.
Das erzähle ich sonst niemandem, aber du siehst so aus, als
würde dir das was bedeuten.« Er schaute mich ernst an.

»Außerdem ist der so billig, dass selbst die Griechen sich
ihn leisten können.«

»Dann nehme ich doch glatt noch einen«, sagte ich.

Ich winkte ihm zum Abschied, hoffte, dass meine Mutter
von dieser kleinen Affäre mit ihrem Erzfeind namens Alkohol nichts mitbekommen hatte.

»Ich dachte, du wolltest nichts trinken«, fing sie mich am
Tisch ab.

»Wenn du in Griechenland einen Schnaps ablehnst,
darfst du das Haus des Gastgebers nicht mehr betreten«, erklärte Ronny uns allen den Sachverhalt. »Sie konnte also
nicht anders.«

»Da kennt sich aber einer mit den Gepflogenheiten der
verhassten Ausländer aus, was?«, fragte ich ihn. »Soll ich dir
auch einen Schnaps holen?«

Ronny lächelte freundlich. »Nee danke. Hab in meinem
Leben zu viel gehabt.«

Tsampikos stand jetzt hinter mir mit zwei weiteren
Gläsern, die er mir unter die Nase hielt.

»Das hier ist mein griechischer Freund«, stellte ich ihn

der Runde vor. »Mein offenbar sehr hartnäckiger, griechischer Freund.«

Die beiden Lesben gesellten sich zu unserem Tisch, der sich langsam zum beliebtesten des Abends entwickelte. Kein Wunder, ich hatte immerhin die Gunst des Chefkellners erworben.

»Ditt is Conny und ich bin die Mary«, stellte sich die kleinere der beiden Frauen vor. Conny winkte nur schüchtern, sie hatte Augenringe, die bis zu den Oberlippen reichten.

»Trinkst du Tsipouro?« Mary zeigte auf mein Schnapsglas.

Es war mir unangenehm, vor meiner Mutter zugeben zu müssen, dass ich die Situation nicht unter Kontrolle hatte. Dass ich noch so oft sagen konnte, dass ich meinen Alkoholkonsum im Griff hatte: Meine Inkonsequenz an diesem Abend sprach Bände.

Mary bestellte bei Tsampikos ein ganzes Tablett dieser griechischen Köstlichkeit. Sie winkte einer älteren Frau mit einer welligen Löwenmähne zu, die auf der Tanzfläche stand. »Mutz, komm du doch auch mal!« Sie wandte sich nun an uns. »Ditt is meine Mutter, aber wir nennen sie nur Mutz.«

Mary lachte, ihre freundlichen Körperwellen schwappten zu uns rüber wie sanfte Meerwellen.

Mutz winkte in die Runde. Meine Mutter, Ronny und seine nervige Frau verschwanden auf die Tanzfläche.

Heimlich bestellte ich bei Tsampikos ein paar weitere Schnäpse, wobei er bei jeder zweiten Runde aussetzte.

Ich versuchte zu einem der Tänzer Blickkontakt aufzunehmen, aber er war schwer damit beschäftigt, die Hände der älteren Damen von seinem Hintern wegzubekommen. Außerdem hatte ich mich früh damit abgefunden, dass ich

nicht mit der Schönheit einer rassigen Südländerin gesegnet war und bei Männern dieser Art keine Chance hatte. Ich
musste sie ins Bett locken.

Ich lud Tsampikos zu unserem Tisch ein. Er sah nach ein
paar Schnäpsen viel besser aus als am Anfang. Er sagte mir,
dass er gleich nachkommen würde.

»Ich dachte erst, ihr seid Schwestern.« Ronny war völlig
verschwitzt, als er wieder an unseren Tisch kam. Er klopfte
Mary und Conny auf die Schulter. »Meine Cousine ist auch
lesbisch. Wir haben viel mit solchen Leuten zu tun.«

»Wollta mal Fotos von unserer Hochzeit sehen?« Mary
zückte das Handy und scrollte durch ein paar Fotos. Beide
Frauen hatten schwarze Anzüge an, zwei Doggen saßen an
ihren Füßen, die beide lustige Fliegen um den Hals gebunden hatten.

Sie schob auf ihrem Handy zu den Fotos weiter, die einen
Rohbau zeigten. »Das Haus bauen wa grad«, sagte sie.

»In Leipzig kann man wenigstens noch bauen«, erzählte
Conny.

Mutz mischte sich jetzt ein. »Das mit dem Jeld war auch
schon mal besser im Osten. Nicht jeder kann bauen, Conny,
weeßte?«

Ein harter Windschlag peitschte mir gegen die Schulter.
Es wurde kalt an unserem Tisch.

»Keen Wunder, dass die Menschen uff die Straße gehen«,
sagte Mutz. »Bei de janze neue Leute, die bei uns ins Land
kommen.«

Ronny und seine Frau konnten sich vor Aufregung nicht
mehr halten. Sie rutschten auf ihren Stühlen hin und her
und übten sich in absoluter Zustimmung, indem sie unentwegt nickten.

»Wir waren letztes Jahr auf Kos gewesen«, pflichtete

Ronnys Frau ihr bei. »Die haben da überall hingeschissen, diese Kackasylanten.«

Ich wartete auf das, was noch von Mutz kommen würde. Bitte keine Pegida-Anhängerin, dachte ich. Das wäre der Supergau. Damit würde diese recht angenehme Gesprächspartnerin definitiv über den Status eines sympathischen Nazis hinausgehen und ich musste diesen Tisch verlassen.

»Aber manchmal, da glaub ick, dass der Koran friedlicher ist als alle Weltreligionen zusammen«, sagte sie dann. »Mich nervt nur dieses Schöngetue imma von die Politika, weeßte?«

Das war fundierter als manch akademische Meinung, die ich zu dem Thema gehört hatte. Ich war angetan von Mutz, übernahm die zwei Schnäpse, die Tsampikos mit zum Tisch brachte, und stellte sie vor uns ab, ohne dabei den Blickkontakt zu ihr zu verlieren. Ich durfte sie nicht verlieren, nicht heute Abend. Nicht an Pegida, nicht an die AfD und erst recht nicht an die CDU.

Mich reizte die Ambivalenz der Frau, sie zwang mich tatsächlich dazu, die Dinge von einer anderen Seite zu betrachten. Jetzt war ich regelrecht aufgeregt.

»Ick bin ja nicht so, dass ich nix an andere Meinungen zulasse«, sagte sie noch. »Ick verstehe sie nur nicht. Das wird man doch wohl noch sagen dürfen, Prost!«

Meine Mutter kam zurück an den Tisch. Sie verkündete, dass sie nun ins Bett wolle. Auch Ronny und seine Frau rückten ihre Stühle vor, und Mutz sah dies ebenso als ihr Stichwort.

Irgendwann stoppten auch unsere griechischen Lieferungen.

»Da kommt nischt mehr nach«, sagte Conny. »Jetzt müssen wa alle in die Heia.«

»Ach, i wo, jetzt gehn wa richtig los.« Mary sprang auf und wuschelte mir durch die Haare.

Tsampikos zündete sich eine Zigarette an und setzte sich auf die frei gewordenen Stühle. Offenbar hatte er Feierabend. Mary und ich verlangten nach einem letzten Schnaps. Conny schaute leer in ihr Handy, das sie seit geraumer Zeit nicht aus den Augen gelassen hatte.

»Was machen wir jetzt?«, fragte ich.

»Wir können nach Lardos fahren«, sagte Tsampikos. Er hob sein Glas passgenau zum Mund, er war eindeutig der Nüchternste unter uns.

Mary und ich klatschten in die Hände, wir tanzten eine Art griechischen Volkstanz, obwohl wir nicht wussten, wie das ging. Dann sprang Mary in den Pool.

Conny ging in Richtung der Bungalows, ohne sich zu verabschieden.

Ich fragte Mary, ob wir ihre Frau nicht dazu überreden sollten, uns nach Lardos zu begleiten.

»Hab doch schon lange 'ne Neue.« Sie wischte sich den Körper mit einem Handtuch trocken, das sie sich von einer der Liegen genommen hatte, die dort schon für den nächsten Morgen bereitlagen. »Das Theater machen wir nur noch für Mutz. Was meinst du, wie lange die gebraucht hat, um zu akzeptieren, dass ihre Tochter lesbisch ist?«

Tsampikos hatte einen vermakelten Roller neben dem Pool vorgefahren. »Los!«, rief er, und wir sprangen hinter ihm auf. »Lardos wartet auf uns.«

Der Wind massierte meine Wangen, ich hechelte wie ein Dackel, der fest daran glaubte, dass ihm gleich etwas Großartiges passieren würde. Wir fuhren an großen Felsen vorbei. In der Ferne sah ich bereits die Lichter von Lardos.

»Krass«, rief ich nach vorne.

»Krass«, rief auch Mary.

Ihre Hände lagen auf meinen Brüsten. Ich streckte beide Arme aus, ich war von meiner Hinterfrau gesichert. Ich dachte an alles, was noch kommen würde. Dachte nicht mehr an diese dämliche Idee, nicht mehr zu trinken, dachte daran, dass die deutsch-griechische Freundschaft alleine durch nächtliche Rollerfahrten über irgendwelche Inseln funktionierte. Ich dachte an Mary und Conny, ihre Trennung, und dass nichts so war, wie es aussah. Ich dachte an meine Mutter, die keinen Alkohol trank und die mir gegenüber trotz allem eine ziemliche Toleranz an den Tag legte. Dachte daran, dass mir mein Vater immer gepredigt hatte, mit niemandem Auto zu fahren, der zu betrunken war, und dass ich diese Regel bereits zweimal auf dieser Reise gebrochen hatte.

Und als Tsampikos eine scharfe Linkskurve nahm und wir mit den Knien auf dem Boden lagen, als wir die Kontrolle über das Gefährt verloren und in einem weichen Grasfeld landeten, da dachte ich, dass dies das Ende meiner Europatour war.

»Alles okay?«, rief Tsampikos von weit her. Er war über die halbe Straße in einen Graben gerollt.

Ich wischte mir das Gras von den Knien. Mary schob den Roller humpelnd zu Tsampikos.

»Dahinten fängt die Barmeile an«, sagte er und schmiss das Teil wieder an. »Das schaffen wir, oder? Es ist nicht mal drei, und ich will noch eine rauchen.«

So fuhren wir weiter, als ob nichts gewesen wäre. Es war noch viel zu früh, um nach Hause zu gehen.

# 9

## Hummerfrühstück in Lissabon

In dem Moment, in dem ich in Lissabon gelandet war, war der Plan für die nächsten Tage bereits verworfen.

Vitor schrie hell durchs Telefon. Er befand sich an der Station Alvalade und eröffnete mir, dass wir erst später zur Wohnung seines Onkels gehen konnten, vielleicht auch nie. Das passte zu einer Stadt, deren Schicksal permanent ungewiss schien. Eine Stadt, die den Rest Europas durch ihr beispielhaftes Wirtschaftswachstum überrascht hatte. Und zu einem Volk, das als das entspannteste des Kontinents galt.

Vitor lebte seit drei Jahren in London. Davor hatten wir zusammen in einer Frankfurter Werbeagentur gearbeitet. Er war an diesem Wochenende in Lissabon, um das NOS-Alive-Festival mit Freunden aus seiner Heimatstadt zu besuchen. Wir hatten uns kurzfristig verabredet, damit er mir sein Heimatland zeigen konnte.

Schon wieder war ich fertig vom Alkohol, in Griechenland hatte ich meine Alkoholpause nicht einhalten können aufgrund widriger Umstände, für die ich absolut nichts konnte. Jeder, der sich auf eine ernsthafte Sauftour durch Europa machte, musste sich dem Morgen danach stellen. Der musste an den Tiefpunkt kommen, an dem der Alkohol nur noch das Schlechteste in ihm hervorbringen konnte. So war es auch bei mir geschehen. Ich war zu nichts mehr zu gebrauchen und ahnte bereits, dass meine entspannte Trinkeinstellung Schattenseiten hatte.

Ich wollte an diesem Abend für ein paar Stunden ins Bairro Alto gehen und dabei auf Wasser setzen: Auch den Portugiesen sagt man als alkoholabstinenter Trinkkultur nach, dass sie sich auf den Genuss von ein paar Gläsern Wein am Tag beschränken.

Es waren die Touristen, die das bekannte Studentenviertel zu einer Saufmeile hatten verkommen lassen. Deswegen hatten Anwohner es bei der Stadt durchgebracht, dass alle Kneipen um Mitternacht schließen mussten. Das kam mir gerade recht.

Ich stand vor dem Lissaboner Flughafen, bepackt mit meinem riesigen Rucksack, der schon seit Monaten mein treuer Gefährte war. Jetzt wollte ich nichts mehr, als diesen loswerden. Ich schielte auf die Karte, auf die ich die Adresse, die Vitor mir gegeben hatte, markiert hatte. Aber was sollte ich tun? Mich beschweren? Ich war Gast, zu Besuch, ich musste mich fügen, musste mich den neuen Gepflogenheiten anpassen.

Ich bestellte ein Uber. In Portugal war dieses System seit Jahren erlaubt, weil das Urteil über die Legalität des Unternehmens in der Schwebe hing. Solange es kein klares »Nein« gab, machten die Fahrer der Stadt weiter. So auch Fernando. Er war nicht mehr der Jüngste, hatte sichtlich Probleme, die knapp zwanzig Kilo meines Gepäcks hochzuhieven, dabei knickten seine Knie immer wieder ein. Ich eilte zu Hilfe.

Alles, was ich vom Flughafen bis zur Metrostation sah, war eine raue, baufällige Stadt, die ein Problem mit ihrer Infrastruktur hatte. Es gab kaum ein Durchkommen zu dieser Tageszeit. Fernando war überfreundlich beziehungsweise demütig, so wie jeder Uber-Fahrer, dessen Altersvorsorge von diesem System abhing. Von der Rückbank aus sah ich sein graues, schütteres Haar. Seine Schultern waren so stark eingefallen, dass er einen Buckel hatte. Er sprach gutes Englisch.

»Lissabon is beautiful, no?«, fragte er.

Ich hatte keine Lust auf eine Unterhaltung, aber mehr gruselte mich die peinliche Stille, die entstanden wäre, hätte ich das Gespräch abgebrochen.

»Ich komme aus Angola«, sagte er. »Leider kann ich nicht mehr zurück. But Lissabon is so beautiful.«

Neben uns drängten sich die Kleinwagen, wovon die Hälfte Uber-Fahrer sein mussten. Ältere Herren kutschierten junge Touristinnen durch die Stadt. Sie verstopften den Verkehr, der sich zu einem Wollknäuel verknotete: unmöglich zu entzerren, unmöglich aufzureißen.

Ich war angeschnallt und lehnte mich weiter nach vorne, sodass wir uns besser verstehen konnten.

»Haben Sie sich gut von den Wahlstrapazen erholt?«, versuchte ich es mit Small Talk. Ich wusste, dass die letzten portugiesischen Wahlen im Jahr zuvor stattgefunden hatten.

»Unser Präsident ist ein Mann des Volkes«, sagte Fernando stolz über sein Wahlheimatland, als er an einer Ampel halten musste. »Der geht in die Slums hinein und spricht mit den normalen Leuten – ohne Security.«

Ich nickte, versuchte seinen Blick über den Rückspiegel zu halten.

»Einmal hat er bei einer Familie geschlafen, die er nicht kannte. Das ist ein Staatsmann, was?« Er zeigte auf die Straße vor sich. »Guck doch mal, wie schön Lissabon ist. Siehst du das denn nicht?«

Ich sah eine riesige Statue aus Stein in einem übergroßen

Kittel neben mir. Auf seinem Kopf war ein goldenes Kreuz angebracht. Bei fast neunzig Prozent Katholiken in diesem Land wunderte mich die Symbolik kaum.

»Das ist der Vorteil einer sozialistischen Regierung«, sagte ich. »Die konzentrieren sich nicht auf die Religion, sondern auf die Gerechtigkeit.«

»Muito bem«, sagte Fernando und küsste dabei das Kreuz, das er unter seinem Hemd trug. »Mein Glauben bleibt mein Anker.«

Ich sah Fernandos Augen wieder im Rückspiegel, sie erzählten von einem langen Leben. Ich fragte ihn, wie er die Zeit nach der Diktatur dieses Landes erlebt hatte.

»Wir haben nicht mal eine Revolution gebraucht«, sagte er. »Du musst verstehen, dass es nach dem harten Durchgreifen der Pide an ein Wunder grenzte, dass sich überhaupt jemand aufgelehnt hat.«

Die Pide war die Geheimpolizei der einstigen Estado-Novo-Diktatur unter Salazar, die in der Nelkenrevolution von einer linken Gruppierung gestürzt worden war. Angeblich unter den Fanfaren eines Fado-Liedes, das Salazar Jahre zuvor verboten hatte.

»In Deutschland ist das nicht anders«, sagte ich. »Selbst in der Apokalypse würden wir wahrscheinlich nur ein Plakat malen, auf dem steht: ›Weg mit den apokalyptischen Reitern – sonst arbeiten wir nicht weiter‹.«

Fernando schaute über seine Schulter, bevor er die Spur wechselte. Er versuchte, sich auf dem großen Platz zurechtzufinden, auf dem die Station sein sollte.

»Ist es hier recht?« Er parkte neben einem Supermarkt.

Er half mir beim Ausladen. »Schau doch, wie schön Lissabon ist«, sagte er zum Abschied.

Vitor entdeckte ich auf der anderen Straßenseite. Er war wie immer ganz in Schwarz gekleidet. Als ich noch mit ihm zusammen gearbeitet hatte, hatte er mir eröffnet, dass in seinem Schrank neun identische schwarze Hosen hingen, weil das die einzige Farbe war, die er in dieser lauten Welt ertragen konnte.

Ich lief bei Rot über die Straße, wir Europäer haben keine Zeit fürs Warten. Vitor nahm mich in den Arm, um mich zu begrüßen. Er roch neutral, sauber, was ich für ein gutes Zeichen für den Fortgang unserer platonischen Beziehung hielt.

»Lass uns was trinken.« Vitor nahm mich mit in eine Bar, die auf der Terrasse des Supermarkts untergebracht war.

Er war verschwunden, bevor ich Einspruch erheben konnte, und kam mit zwei kleinen Bier wieder.

»Das ist Sagres«, sagte er und stellte die Gläser auf unserem Tisch ab. »Das ist unser Nationalbier.«

»Die Gläser sind zu klein«, sagte ich.

»Dafür habe ich für beide nur zwei Euro bezahlt.«

Ich war im westlichsten Zipfel Europas angekommen. Schluss mit den überteuerten Preisen, vorbei mit all der Schöntrinkerei. Jeden einzelnen Portugiesen, den ich sah, konnte ich danach nicht mehr aus den Augen lassen. An der Theke standen vier Männer in Anzügen, nicht einer davon war im Entferntesten unansehnlich geraten. Wir tranken schnell, wechselten uns mit dem Ranholen des Bieres ab. Der Preis rechtfertigte unseren Konsum.

Dann hielt Vitor mir ein Ticket hin, das er aus seiner Tasche gezogen hatte. »Du kannst froh sein, dass die noch nicht weg sind. Sonst wärst du heute Abend alleine gewesen.«

In Portugal hielt man es offenbar wie in Italien. Ein eigener Wille stand überhaupt nicht zur Debatte.

»Ich wollte eigentlich ins Bairro Alto«, protestierte ich. »Mir ist nicht nach saufen.«

Vitor lachte schallend los. »Ich bitte dich«, sagte er.

Wir begossen die Tickets mit einem weiteren Bier, dann stiegen wir in ein Uber, das Vitor innerhalb von drei Minuten bestellt hatte.

»Wir fahren direkt zum Festival. Da gibt es Schließfächer für deine Tasche«, sagte er.

»Ich wollte aber duschen«, sagte ich.

»Hör zu, Süße«, er lehnte sich auf die Rückbank und schaute mich eindringlich an. »Du bist jetzt in Portugal. Deine einzige Chance zu überleben ist es, den Stock aus dem Arsch zu ziehen und dich zu entspannen. Vamos!«

Eine Polizistin mit Helm tastete meine Beine, Hüfte und meinen Oberkörper ab. Ich ging weiter, wartete, bis Vitor mit seiner Kontrolle durch war.

»Wurden wir früher auf Festivals auch schon abgetastet?«, fragte ich.

»Ja«, antwortete Vitor. »Nur damals ging es nicht um Bomben.«

Wir gingen durch ein Tor, das in Regenbogenfarben bemalt war. Ein DJ, der aussah wie ein Zwölfjähriger, stand auf einem Podest und drückte auf die Tasten seines Macbooks. Neben uns lief ein Mann mit einem Fass Sagres auf dem Rücken.

»Was ist eigentlich mit eurem Portwein, den ihr so abfeiert?« Ich bestellte zwei Bier bei dem Mann und überreichte eines meinem Begleiter.

»Portwein ist was für die Alten«, sagte der. »Wir Jungen trinken Bier.«

Der Platz war überfüllt, es würde unmöglich sein, Vitors

Freunde zu finden. Dann fanden wir sie allerdings genau dort, wo Vitor sie vermutet hatte: neben der Theke vor der Hauptbühne. Ich konnte mich kaum umschauen, da sprang Vitor auf einen breiten Rücken auf. Er wuschelte der überraschten Gestalt durch die lockigen Haare.

Ich lächelte, wollte meine Hand zu dem Mann ausstrecken, aber war noch nicht an der Reihe.

»Das ist mein Freund Pietro aus der Schulzeit«, sagte Vitor.

Pietro hielt ein Sandwich in der Hand, das er kurzzeitig ablegen musste, um mir einen Kuss auf die Wange zu geben.

»In Italien sind es zwei«, sagte ich und hielt meine Wange noch mal hin.

Pietro biss wieder in sein Sandwich. »Ich dachte, du bist Deutsche.«

»In dem Fall kannst du froh sein, dass ich dir keine reingehauen habe.«

Vitor drückte mir ein neues Bier in die Hand. »Der hat 'ne Freundin«, flüsterte er.

»Ich bin dreißig«, antwortete ich. »Glaubst du, ich hab Zeit für Moral?«

Die Gruppe wollte nun zur nächsten Bühne gehen. Ich hatte Mühe, den anderen zu folgen, verlor immer wieder einzelne Hinterköpfe, an denen ich mich hätte orientieren sollen. Dann spürte ich eine Hand in der meinen.

»Ich will nur sichergehen, dass du nicht verloren gehst. In Portugal achtet jeder auf den anderen.«

Pietro stand hinter mir. Ich drückte seine Hand fester. Mein Herz klopfte nicht, ich errötete nicht. Das schob ich auf den Liter Bier, der mir das Herz verstopfte, der mich diesem Mann willenlos folgen ließ, ohne dass es einen Grund dafür gegeben hätte.

Wir waren bei der zweiten Bühne angekommen. Die Musik törnte mich ab. Ich fand Rock, der zu sehr auf Krawall aus ist, schon immer scheiße.

»Ich hasse diese Musik.« Eine von Vitors Freundinnen schüttete aggressiv einen Flachmann in sich rein. »Willst du auch?«

Ich nahm einen Schluck und hustete einen Kirschkern aus.

»Das ist unser legendärer Likör«, sagte sie. »Ginjinha.«

»Ein bisschen kratzig.« Ich nahm einen letzten Schluck, bevor ich mich wieder an einen Mann mit Sagres-Fass auf dem Rücken wand und ein Bier bestellte.

»Was arbeitest du?«, fragte ich sie jetzt.

»Ich bin Mikrobiologin: Doktor Rita Ramos.« Sie gab mir die Hand.

»Wird das gut bezahlt?«, fragte ich.

»Ich kann davon leben.« Rita zog den Rest ihres Flachmanns weg.

Anders als in Italien schien hier Hoffnung unter den jungen Leuten zu herrschen. Kein Wunder, die Wirtschaft Portugals war stabil, sie wuchs am schnellsten in ganz Europa. Die Zukunft hierzulande schien kaum so ungewiss wie die im italienischen Süden. Start-ups siedelten sich in Lissabon an, junge Leuten kehrten in ihr Heimatland zurück, um die Dörfer mit ihren Familien zu besiedeln. Ich erinnerte mich daran, was mein Fahrer Fernando gesagt hatte: Lissabon ist die schönste Stadt der Welt. Dass dies zum Teil stimmte, hatte ich gesehen, als das Abendlicht sich langsam auf den losen Dachpfannen abgelegt hatte, als das türkis glitzernde Meer am unteren Ende der Stadt Wellen schlug.

Vitor legte seinen schweren Oberkörper auf meiner Schulter ab. Meine Knie knickten ein.

»Parar é morrer«, sagte er. »Aufhören heißt sterben.«
Dann drückte er mir ein neues Bier in die Hand.

Ich sah im Augenwinkel, wie Pietro mich beobachtete.

Ich drehte mich wieder zur Bühne, ich hatte jegliches
Gefühl für die Musik verloren. Dennoch umrahmte sie
unser Jungsein, unsere Betrunkenheit und war mir damit
genug.

Vitor scheuchte die gesamte Bande von der Bühne, vor
der wir eine Weile gestanden hatten. Ein paar seiner Freunde wollten Peaches sehen. Ich suchte wieder nach Pietros
Hand und bekam sie in der Menge zu fassen. Ich hielt sie so
lange, bis wir an der dritten Bühne angekommen waren. Ich
wollte nicht verloren gehen.

Die kanadische Frontsängerin der Band war gerade dabei, in einen riesigen Plastikpenis einzusteigen. Darin lief
sie über die Menge und schrie feministische Parolen.

»Hold your dick in the air!« Das rief sie immer wieder.

»Bist du sicher, dass das gut ist, was du da mit Pietro
treibst?« Vitor überreichte mir ein neues Sagres. »Ich warne
dich nur, der ist nicht ohne.«

»Ich bin schlimmer«, antwortete ich und nahm einen
Schluck. »Mein Großvater ist in der Nähe eines Vulkans geboren, capisce?«


Die Ordner scheuchten uns vom Gelände. Wie oft war ich
die Letzte auf einer Party gewesen, aber ein Festival ab-
zuschließen – das sollte mir mal einer nachmachen. Ich
sabbelte einen der Ordner auf die deutsche Polizei voll und
versicherte ihm, dass diese nur halb so schlimm wäre wie
die Security eines jeden beliebigen Festivals in Portugal.

Pietro nahm mich wieder an die Hand, während Vitor
uns ein Uber rief. Eine Gehhilfe brauchte ich zwar nicht,

aber ich hatte mich daran gewöhnt, von dem Mann festgehalten zu werden.

»Schluss damit«, sagte er plötzlich. »Willst du mitkommen? Vom Fenster meiner Wohnung aus kannst du die ganze Stadt sehen.«

Vitor rief mir zu, dass ich verdammt noch mal in das verfickte Uber steigen sollte.

Ich ignorierte ihn. Mir war es egal, ob der eine Freundin hatte oder mit drei Iranerinnen verheiratet war. Und am wenigsten kümmerte mich die Anwesenheit eines durchgeknallten Portugiesen, der meinte, er sei mein großer Bruder und müsse mich beschützen.

»Verpiss dich«, rief ich Vitor nach. Dann schnappte ich Pietros Hand, und wir liefen los.

Seine Wohnung lag im Stadtteil Bairro Alto. Ich hatte es tatsächlich noch in das Viertel geschafft. Pietro zerrte mich in den Fahrstuhl und küsste meinen Hals. Ich drückte ihn weg, schaffte Abstand.

»Hast du Portwein? Ich kann Lissabon nicht verlassen, ohne einen Schluck Portwein probiert zu haben.«

Er schloss die Wohnungstür auf und führte mich in das Wohnzimmer. Ich zog meine Schuhe aus und lief über die kalten Fliesen. Dann öffnete Pietro die Gardinen. Jetzt sah ich die ganze Stadt vor mir. Die roten Dächer, die beigefarbenen Wände und die Kunstwerke darauf, die von Street-Art-Künstlern angefertigt worden waren. Weiter hinten, noch hinter der roten Brücke, die die Stadt teilte, sah ich die Figur des übergroßen Cristo. Diese war von portugiesischen Bischöfen errichtet worden, da Lissabon vom Zweiten Weltkrieg verschont geblieben war.

»Habe ich zu viel versprochen?«, fragte Pietro.

»Werden wir gleich sehen«, sagte ich.

Ich setzte mich auf das Sofa, neben dem ein kleiner Glastisch stand. Ich inspizierte die Alkoholflaschen darauf.

Pietro griff hinter mich. Er roch nach Sonnencreme.

»Das hier ist ein tawny, ein englischer Portwein, der ist ziemlich stark, pass bloß auf.« Er hielt mir die Flasche vorsichtig an die Lippen.

Die Flüssigkeit rauschte durch mich hindurch, und ich musste einen Moment innehalten ob der Süße.

»Die reifen in Fässern, damit der Holzgeschmack vom Fass durchdrückt.« Er lächelte und rückte näher.

Ich zeigte auf eine andere Flasche. »Oh, was ist das für einer?«, fragte ich naiv.

Ich legte mich lang auf das Sofa und meinen Kopf auf dem Arm ab. Hier wartete ich auf den nächsten Schluck.

»Das ist ein Vintage-Portwein.« Er hielt mir eine dunkelblaue Flasche unter die Nase. »Den trinkt man im Norden. Der Scheiß ist ziemlich teuer.« Er hielt mein Kinn hoch und ließ die Flüssigkeit in meinen Mund tropfen.

»Säuerlich«, sagte ich. Dabei war es mir vollkommen egal, wie der Portwein schmeckte.

Ich spielte mit meinen Haaren, drehte sie ein. Das tat ich immer, wenn ich nervös war. Ich legte meine Arme um seinen Kopf, ließ mich in das Sofa einsacken, nahm den Arm wieder weg. Nichts hasste ich mehr als Frauen, die sich an einen Männerhals warfen. Aber ich fand nichts in mir, das mich davon abhalten wollte, genau das zu tun, was ich gerade tat.

»Schluss mit dem Theater«, sagte Pietro. Dann küsste er mich.

Es war vormittags, als ich aufwachte. Ich schmeckte den Portwein auf der Zunge, mein Mund war trocken, die Suche nach Wasser zwecklos. Neben mir hörte ich Pietros leises Schnarchen. Ich musste weg, das Weite suchen, bevor der Morgen danach den Abend davor zerstörte.

Leise schloss ich die Wohnungstür hinter mir, meine Schuhe zog ich im Aufzug wieder an. Vor der Eingangstür bestellte ich ein Uber. Ich war mir ziemlich sicher, dass der Fahrer wusste, was ich heute Nacht getrieben hatte. Mein Mascara war verschmiert, meine Haare zum wuseligen Dutt geformt. Das war der Walk of Shame.

Ich war müde und ein bisschen in die Idee verknallt, einen Portugiesen zu lieben und mit ihm in einer Wohnung zu leben, von der aus ich ganz Lissabon überblicken konnte.

Pietro würde wohl unter anderen Umständen aufwachen. Er würde an seine Freundin denken, sie vielleicht sogar anrufen.

»Es hat mir nichts bedeutet«, würde er ihr sagen, und ich würde wissen, dass es anders war.

Es war keine Liebe. Zwischen uns hatte es nur einen kurzen Funken gegeben. Mit jedem Menschen, mit dem ich freiwillig unter einem Bettlaken liege, bin ich einen Moment lang verbunden. Das hatte nichts mit dem Alkohol zu tun. Wenn der Alkohol eines tat, dann gab er mir die Courage, mich schneller auf die Dinge einzulassen, die ich sowieso wollte. Als Entschuldigung hat Alkohol noch nie für mich funktioniert.

Vitor weckte mich am frühen Nachmittag. Ich lag auf dem Bett seines Neffen in einer kleinen Abstellkammer und hielt einen Teddybär im Arm.

»Was willst du?«, fragte ich mit geschlossenen Augen.

»Lass uns Meeresfrüchte essen gehen«, sagte er. »Hier ist direkt um die Ecke ein Laden, den ich gut kenne. Wenn du da keine Meeresfrüchte gegessen hast, bist du nie in Portugal gewesen.«

Dieser Mann war so gut gelaunt, dass es mir im Kopf schmerzte.

Ich sprang unter die Dusche, zog mir ein Sommerkleid an, obwohl der Himmel bedeckt war. Wir liefen die Straße neben einer kleinen Bahnstation in Richtung Stadt hinunter. Vitor stoppte vor einem Fenster, in dem ein riesiges Aquarium stand. Wir beobachteten ein Dutzend Hummer, die aufeinandergestapelt lagen und versuchten, sich aus ihren Fesseln loszureißen.

»Als Vegetarierin kann ich das hier nicht verantworten«, sagte ich entschieden. »Aber als Mensch möchte ich die da alle sofort in mich hineinstopfen.«

Vitor hielt mir die Tür auf. Ich ließ mich von einem Kellner zu einem Tisch geleiten, während Vitor beim Küchenchef hängen geblieben war. Er ließ sich von dem Mann mit der weißen, spitzen Mütze detailliert erklären, wie der Hummer zubereitet wurde. Dabei hielt er sich die Hand unter das Kinn wie ein Kenner und nickte andächtig. So begutachtete Vitor die Gestiken eines offenbar erstklassigen Küchendirigenten. Als er an unserem Tisch ankam, war er rundum mit sich und seinem Leben zufrieden.

»Das ist wirklich der beste Laden in der Stadt«, ließ er in ungewohnt ruhiger Lautstärke verlauten. »Und verhältnismäßig günstig für einen Hummer, den sie erst heute Morgen aus dem Meer gefischt haben.«

Ein außerordentlich schneller Kellner, dem die Schürze immer wieder vom Bauch rutschte, brachte uns zwei Sagres.

Vitor lächelte, er schien nicht sauer zu sein.

»Also, was ging letzte Nacht mit Pietro?«, fragte er.

»Alles, was du dir vorstellen kannst«, antwortete ich.

»Und was ist das?«, fragte Vitor.

»Sagen wir, wir hatten interkontinentalen Sex«, sagte ich.

»Was würde dein großer Bruder bloß dazu sagen?«, fragte Vitor.

»Ich bin sicher, er hätte das genauso gemacht. Wir sind schließlich Italiener.«

Ich sah die riesige Silberplatte, auf der der Hummer drapiert lag, als Erste. Wir stellten unser Gespräch ein, ließen uns vom Kellner das weiße Lätzchen umbinden.

Ich aß schnell und zügig. Das Fleisch war sanft und weich, stellenweise herzhaft und rüde. Ich schüttete immer wieder Zitronensaft auf diese Köstlichkeit und strich den Rumpf mit Buttersoße ein. Wir tranken ein zweites Bier. Nicht unbedingt, weil wir das gewollt hätten, sondern weil in Portugal, ähnlich wie in Köln, einfach ein neues gebracht wurde, sobald das Glas leer war.

Die Dutzend Hummer in dem Aquarium, das wir schon von der Straße aus gesehen hatten, schienen mich anzustarren. Ich starrte zurück, kaute dabei langsam und genüsslich auf dem Fleisch ihrer Verwandten. Vitors Lätzchen war mit Butterflecken übersät. Wir waren in einem Rausch gefangen, in einem Hummerrausch. Beim dritten Bier waren wir völlig außer Kontrolle geraten, hatten Ketten, Brillen und Ohrringe auf dem Tisch abgelegt und mampften wie portugiesische Soldaten auf Kolonialfahrt.

Wir aßen bis zum letzten Bissen alles, was auf der Silberplatte lag. Dann winkte Vitor dem Kellner, der uns diese Misere eingebrockt hatte, um nach der Rechnung zu verlangen. Ich schaute demütig auf die Zahl, die ganz unten auf dem Papier aufgeführt war.

»Ich glaube, mir ist gerade ein Ei abgefallen«, flüsterte Vitor.

»Was zur Hölle hast du denn mit dem Küchenchef besprochen?«, fragte ich ihn.

»Ich weiß es nicht mehr«, sagte Vitor. »Ich war doch noch betrunken.«

Wir zahlten beide jeweils die Hälfte der dreihundert Euro mit unseren Kreditkarten und verließen den Laden, so schnell wir konnten. Das letzte Bier hatten wir in einem Anfall ausgesoffen, kein weiterer Cent sollte in diesem Laden verschwendet werden; kein Bier durfte stehen gelassen werden. Am Ende hatte ich sogar die Buttersoße heruntergeschluckt.

Vitor blieb stehen. »Wir hätten in das gelbe Buch schreiben sollen«, sagte er mehr zu sich selbst als zu mir.

»Du willst ins Telefonbuch schreiben?«, fragte ich.

»Nein, Quatsch. In das gelbe Buch kannst du als Gast deine Beschwerden reinschreiben. Wenn ein Laden genügend schlechte Einträge hat, kommt die Polizei und macht ihn dicht.« Vitor schien das zu gefallen, er nahm seinen Gang wieder auf. »Lass uns zurück«, sagte er. »Lass uns in das gelbe Buch schreiben.«

Er war von einem Landsmann abgezogen worden. Das hatte selbst mich schockiert. Denn Vitor war kein dummer Tourist, dem man alles erzählen konnte. Er war von einem abgezogen worden, der dieselbe Sprache sprach wie er, der im selben kulturellen Umfeld lebte, in dem Vitor groß geworden war. Hatte London ihn verändert?

Ich pustete durch, blieb stehen, stützte meine Hände auf die Knie. Lange würde ich nicht mehr in der Stadt bleiben können. Ich hatte genug vom Süden, genug von dieser entspannten Einstellung zum Leben. Ich brauchte Fakten, Schroffheit und einen Hauch an Lebensmüdigkeit.

Als die Sonne sich immer mehr dem Meer näherte,

kamen wir in der Wohnung an. Ich legte mich aufs Bett, ruhte ein wenig. Die letzte Nacht hatte ich kaum geschlafen. Vitor kam in mein Zimmer gerannt. »Was hältst du von Bukarest? Ich habe gerade einen Flug für siebzig Euro gefunden. Wir könnten Ana besuchen – und wenn du willst, geht es in ein paar Tagen schon los.« Sein ganzer Körper schien vor Vorfreude zu zittern.

Ich fragte ihn, ob er in seinem Leben noch gedachte zu arbeiten, alleine um das Hummerfrühstück von heute Morgen zu rechtfertigen.

Vitor sagte, dass er froh sei, dass er die Rechnung überhaupt habe bezahlen können und dass es einigen seiner portugiesischen Freunde da weitaus schlechter ginge.

In dieser Nacht träumte ich von einem riesigen Hummer, der Pietro hieß und sich in Buttersoße aalte, während er die sieben Hügel von Lissabon herunterrutschte. Dabei sang er einen linksradikalen, äußerst emotionalen Fado. Ich wachte auf, atmete panisch. Wieder hielt ich den Teddy im Arm. Ich stand auf, ging in Vitors Zimmer und trat an sein Bett heran.

»Parar é morrer«, sagte ich. »Lass uns nach Bukarest.«

# 10

## Palinka, Palinka!

Ich trug Flipflops und Shorts, als ich aus dem Flieger stieg. Es war mittlerweile Ende September, und ich war mit Freunden aus den verschiedensten europäischen Ländern unterwegs. Marius, ein halber Pole, war aus Deutschland angereist, Vitor und ich kamen aus Lissabon. Vor Jahren hatte auch Marius mit uns in der gleichen Frankfurter Werbeagentur gearbeitet – und jetzt waren wir in Bukarest, um unsere ehemalige Kollegin Ana aus Rumänien zu besuchen.

Dank der Arbeitnehmerfreizügigkeit auf dem europäischen Markt, die seit 2014 auch den Rumänen und Bulgaren zugutekommt, hatte sie einige Jahre in Frankfurt gelebt.

Vitor und ich waren von Lissabon aus mit Tarom Airlines geflogen. Die nationale rumänische Airline landet regelmäßig auf den letzten Plätzen des europäischen Sicherheitsrankings. Das kam meiner Flugangst gerade recht, die dadurch gesteigert wurde, dass mein Anschnallgurt sich auf dem Flug in seine Einzelteile aufgelöst hatte. Wenigstens das Bier war umsonst, aber Bier, das hatte ich herausgefunden, konnten die Rumänien nicht. Ursus schmeckt wie ausgemergeltes Ziegenfleisch. Ob warm oder gekühlt ist unerheblich.

»Wo versteckst du den Palinka, hä?« Ana und ich lagen uns in den Armen.

»Du erinnerst dich, was beim letzten Mal passiert ist?«, fragte sie.

Und wie ich mich erinnerte. Auf meiner letzten Party in Frankfurt, zu der Ana den Palinka mitgebracht hatte, fragte ich nach einer halben Flasche meinen Chef, wann er das letzte Mal Sex gehabt hatte. Ana war währenddessen ins Bett getragen worden. Das hielt sie nicht davon ab, uns von dort aus über Stunden auf Rumänisch zu beleidigen.

Dieser Schnaps versprach ein Abenteuer, das man nicht ablehnen konnte. Er versprach nichts Geringeres als ein Leben nach dem Sauftod.

»Der beste Palinka wird in Plastikflaschen verkauft.« Ana zog in diesem Moment eine dieser Wunder aus ihrer Handtasche. »Auf der Straße werden die besten Preise gemacht.«

Vitor, Marius und ich folgten ihr durch die Bukarester Altstadt, das Feierviertel der jungen Leute. Kleine Frauen mit bunten Kopftüchern liefen mit Rosen in der Hand die Straßen auf und ab. Ein Kind von etwa fünf Jahren fragte mich auf Englisch, ob ich ihm mit Kleingeld aushelfen könnte.

»Das sind Zigeuner.« Schon hatte mich Ana von ihnen weggezogen. »Die klauen wie Ratten.«

»Ähm, seid ihr technisch gesehen nicht auch welche?«, fragte ich sie.

»Willst du mich beleidigen?«

Ich klärte sie darüber auf, dass die Deutschen bei Rumänen und Bulgaren fälschlicherweise über Zigeuner sprachen, ich aber wusste, dass Letztere Sinti und Roma waren und aus Indien stammten.

Wir besorgten uns in einem Kiosk, der hier chiosc hieß, jeder eine Flasche Mate, die wir statt mit Wodka nun mit Palinka mischen wollten.

»Die haben hier Mate?« Marius war außer sich. »Wie kommen die denn in diesem Loch an diesen Hipsterscheiß?«

»Wir sind in Rumänien«, sagte Ana. »Nicht in der Slowakei.«

Offensichtlich sah sie im Gegensatz zu uns darin einen Unterschied.

Ich trank ein Viertel der Flüssigkeit weg und füllte mit Palinka auf. Ich hielt meinen Mund über den Flaschenhals und schüttelte durch. Das Probieren wurde mir zum Verhängnis: Sofort spuckte ich die Mischung aus.

»Verschwendung«, sagte Ana. Dann zwang sie mich, die halbe Flasche vor aller Augen zu trinken.

»Geht schon wieder.« Ich hustete bereits beim Schlucken, aber Ana blieb hartnäckig.

»Macht euch keine Sorgen, mir geht es gut«, stellte ich fest, nachdem ich kurzzeitig an einer Straßenlaterne hängen geblieben war, um mich zu übergeben.

Ich ging jetzt weiter hinten. Ich kam an großen Plattenbauten vorbei, an sowjetischen Zweckgebäuden, an Straßenlaternen, deren Kabel lose auf die Straße fielen.

Ich fragte mich, auf was für einem Kontinent wir leben, der so unterschiedliche Sicherheitsstandards duldete. An jeder Ecke schien es eine Möglichkeit zum Selbstmord zu geben.

Es wurde viel gebaut und geschraubt in dieser Stadt: Überall standen Gerüste und Baumaschinen. Der französische Einfluss in der Architektur war kaum zu leugnen, er wechselte sich mit den pragmatischen Bauten der Kommunisten ab. Ein bunter, irrer Mix, der sich uns in der Nacht zeigte. Die herrschaftlichen Gebäude aus weißem Stein direkt neben den sowjetischen Hochhäusern, die so aussahen, als müssten sie gleich abgerissen werden. Jede Sekunde erwartete ich von einer rumänischen Großmutter, in ihre Hütte eingeladen zu werden, um danach mit einem französischen Staatsoberhaupt ins Theater einzumarschieren.

Es war Mittwochabend in dieser Millionenstadt und die Bars überfüllt. Die jungen Bukarester trugen Vollbärte, Wollmützen und Hosenträger. Ich wusste für einen Moment nicht, ob wir in Berlin-Mitte gelandet waren oder in Bukarest, aber offenbar legten alle die gleiche Arbeitsverweigerung an den Tag.

Ana stoppte bei einem weiteren Straßenverkäufer. Sie schien sich mit ihm zu streiten, bis sie ihm wutentbrannt ein paar Scheine auf die Hand knallte und dafür eine neue Plastikflasche in Empfang nahm.

Neben mir hörte ich das laute Rotieren eines Betonmischers. Die Bauarbeiten an einem Gebäude – die großen Säulen versprachen einen Ort der Bildung – hatten begonnen.

»Habt ihr keine Gewerkschaft hier?«, fragte ich Ana. Es war kurz nach Mitternacht.

»Was meinst du?«, fragte sie.

»Ich meine: Wieso fangen die hier mitten in der Nacht an zu arbeiten?«

Sie lachte laut auf. Dann ließ sie mich ohne eine Antwort stehen.

Ana schlug uns vor, ein Taxi zu einem Club außerhalb der Stadt zu nehmen. Leider wären die Taxifahrer in Bukarest alle Arschlöcher. Das hatte ich im Reiseführer schon gelesen, die zogen einen allesamt ab. Vorne beten, hinten an die Moneten. So lief das doch in den ehemaligen Ostblockstaaten.

Ich war fest davon ausgegangen, dass Taxifahren im Osten billiger war, in Frankfurt konnte ich mir den Scheiß kaum noch leisten. Die meisten Taxifahrer verlangten horrende Preise, und wenn wir verneinten, mangelten sie uns fast um.

Ana rief ihnen danach meist einen langen Satz auf Rumänisch hinterher.

»Fick die toten Verwandten deiner Mutter«, übersetzte sie auf Nachfrage mit einem freundlichen Lächeln. »Und scheiß am besten noch auf ihr Grab, wenn du schon dabei bist.«

Mir war spätestens jetzt klar, dass wir niemals ein Taxi in dieser Stadt bekommen würden. Also bog ich in einen weiteren chiosc ein.

»Guck mal, Beck's für drei Lei!« Marius rannte an mir vorbei zu einem Kühlschrank, der gar nicht kühlte. »Das sind nicht mal siebzig Cent.«

Vitor hatte bereits vier davon gekauft und verteilte sie an uns, als wir wieder draußen standen. Es war aber der Obstbrand, der uns an diesem Abend zusetzte. Wir waren kaum mehr in der Lage, ein Gespräch miteinander zu führen.

»Uber«, sagte Vitor und öffnete seine App.

»Nicht Taxi«, sagte Ana.

»Uber verboten?«, fragte Marius.

»Verboden, verboden.« Vitor schlug Marius gegen die Stirn, sodass er fast auf die Straße vor ein weiteres Taxi fiel.

Ein roter Jeep hielt neben uns. Der Fahrer war nicht viel älter als wir. Er hatte das Radio angelassen, ein Fehler, denn wir sangen alle mit, obwohl wir den Text dieses illustren rumänischen Lokalorchesters nicht kannten.

Eine Sache wurde bei der Erfindung von Uber allerdings nicht bedacht. Es mochte ein Konzept sein, dass die Fahrer ihre Gäste nicht ungefragt in ein nerviges Gespräch verwickeln. Aber konnte man das Gleiche von seinen betrunkenen Fahrgästen erwarten?

Bevor ich mir diese Frage beantworten konnte, hing ich

bereits über dem Vordersitz. »Samma, is das hier eigentlich dein einziger Job?«

Vitor wollte mich zurückdrängen, aber er scheiterte an meiner Schulter, die unter Palinka zu einem Popeye-Arm ausgewachsen war.

»Kannsu davon deine Familie durchbringennnnn?« Ich war den Tränen nahe.

Er antwortete mir auf Rumänisch, drückte aufs Gas und hielt den Wagen an der nächsten Straßenecke an. »Oh, guckt mal, wir sind schon da«, sagte er.

Ich stieg aus, schaute in den Himmel. Auf einer riesigen Hauswand einer ausrangierten Lagerhalle waren Bilder projiziert. Bilder von Elefanten mit drei Köpfen, von blaugelben Gottheiten, die sich zum tanzenden Volk hinunterbeugten. Ich ging vor in einen Innenhof, der sich scheinbar über Kilometer in die Länge zog. Überall standen junge Menschen. Ana besorgte uns Wasserflaschen aus einer mit Eis gefüllten Badewanne, die neben dem Eingang stand. Ich drängte mich auf die Tanzfläche unter freiem Himmel. Marius machte mit seinem Handy ständig Fotos von uns. Nichts, aber auch gar nichts ließ er undokumentiert.

»Never stop posting«, sagte er. »Merkt euch das. Man muss den Leuten bei Facebook so richtig auf die Eier gehen.«

Der DJ, der mit seinem grau melierten Haar und Ralph-Lauren-Shirt aussah wie ein Bänker aus Frankfurt, der nicht nur die Stadt, sondern auch den Beruf verfehlt hatte, spielte einen kranken Mix aus Michael Jackson und GOA.

Ich beobachtete die Menschen, die von einer Terrasse zu uns hinunterschauten. Sie hielten Zigaretten in der Hand, vor ihnen standen haufenweise leere Gläser. Ich wusste nicht, ob es der Palinka war, aber für einen Moment bildete ich mir ein, in einen Spiegel zu schauen. Die da oben, das waren im Grunde wir hier unten: alle um die dreißig, mehr oder weniger Geld in der Tasche und ständig in Bars und Clubs unterwegs, obwohl wir längst hätten eine Familie gründen können.

»Willst du tanzen?« Aus einem Reflex heraus drehte ich mich um, schaute dem Fragenden direkt in die Augen. Ich hatte seinen rumänischen Akzent bereits herausgehört. Anders als der italienische oder skandinavische, klang dieser abgehackter und dennoch melodiös. Er hielt seine Hand wie ein Schutzschild vor sich, seine langen, fettigen Haare fielen ihm ins weiche, freundliche Gesicht. Er hatte ein rotes Tuch um den Kopf gebunden. »Lass uns einen Unicum trinken«, sagte er.

Ich folgte ihm zur Theke. Er bestellte zwei dieser Schnäpse, dabei stellte er sich mir als Ionuț vor.

»Schmeckt wie Jägermeister«, sagte ich.

Er räusperte sich, es fiel ihm offensichtlich schwer, zu dem gerade Gesagten ein Lächeln aufzubringen.

»Jäger hat sechsundfünfzig Kräuterarten. Der Unicum hat nur vierzig.« Offenbar nahm Ionuț seine Liebe zum Kräuterschnaps sehr ernst. Er erzählte mir, dass der Unicum ein Relikt aus der Österreich-Ungarischen Monarchie war. Die Familie Zwack habe bei der Verstaatlichung der Budapester Fabriken dem kommunistischen Regime eine falsche Rezeptur gegeben. Sie selbst waren dann mit der Richtigen nach Italien abgehauen und hatten somit den Familiennamen gerettet.

»Woher weißt du das alles?«, fragte ich. Dabei hatte mich die Geschichte ungemein gelangweilt. »Kommst du etwa aus Budapest?«

»Nein, ich bin Rumäne, ich komme aus Constanța«, antwortete er. »Das liegt am Meer.«

»Ihr habt ein Meer?«

»Ja, das haben wir. Aber da gibt es keine Arbeit. Wenn du zu Geld kommen willst, musst du in der Stadt arbeiten, am besten in einer Werbeagentur.«

Ich schaute mich um. Tatsächlich pflegte das Publikum hier einen Lifestyle, der mich an die Werbespinner aus Frankfurt, Hamburg und Berlin erinnerte. Die kein anderes Thema als ihren Job hatten. Die »Work hard, play hard« zu ihrer Hymne gemacht hatten und nur so lange nicht über ihr lächerliches Gehalt sprachen, bis sie den fünften Gin Tonic getrunken hatten.

Ich rutschte näher zu Ionuţ, versuchte mein Schnapsglas an das seine zu halten.

»Hör zu, ich habe eine Freundin«, sagte Ionuţ jetzt. »Und ich liebe sie.« Er schaute auf die Theke.

Ich versuchte der Situation zu entkommen, die so schnell in eine nervige Beziehungstirade umgeschlagen war.

»Sie ruft mich nicht mehr an, weil ich nicht ernst machen wollte.« Panisch drehte er sich zu mir, offensichtlich suchte er meinen Rat. »Hör mal, ich bin achtunddreißig Jahre alt. Wie kann sie erwarten, dass ich mich jetzt schon festlege?«

Dass alle Menschen im betrunkenen Zustand über nichts anderes zu reden wussten als über ihre Beziehungen: Das war ein Armutszeugnis für den europäischen Geist.

»Das wird schon wieder.« Ich klopfte Ionuţ auf die Schulter und bewegte mich von der Theke weg, beobachtete die Meute dabei, wie sie sich auf der Tanzfläche aneinander abkämpfte.

Ana stand hinter mir. Sie hatte eine Gruppe Franzosen im Schlepptau, die wie wild in ihrer Muttersprache stritten, die kein Mensch auf der Welt verstand. Vitor hatte schon zwei Uber bestellt, wie er mir erklärte, und auf dem

Weg zum Ausgang klaute Marius uns Bier aus der Badewanne.

Es war mittlerweile nach drei, ich sah überall Feiernde an
den Straßenecken, die abgeholt und weggebracht werden
mussten, sofern sie noch stehen konnten. Ich lehnte meinen
Kopf auf die Rücklehne, schaute zu den dunklen Hochhäusern; die Lichter der Straßenlaternen blendeten meine
Sicht.

Ich dachte darüber nach, was Ionuț mir anvertraut hatte.
Krankten wir alle – im Westen wie im Osten – wirklich so
sehr daran, uns festzulegen? Wollten wir keine Entschei-
dungen treffen, aus Angst, uns könnte etwas Besseres passieren? Was hatten wir denn gegen eine Beziehung, die
nichts mehr konnte, als uns glücklich zu machen? Und war
ich nicht selbst der beste Beweis dafür, dass das Perfekte
nicht existierte? Ich, die auf ihrer Europatour immer noch
kein Land gefunden hatte, in dem sie gut und gerne leben
wollte.

Der Fahrer schmiss uns vor einem Club namens Coun-
tryside raus. Ana und ich gingen direkt zur Theke, die fast
größer war als der ganze Laden.

»Palinka«, sagte Ana zu dem Typen hinter der Bar, der
sofort lieferte.

Die Franzosen tanzten jetzt hinter uns im Kreis. »Fuck all
the girls in Bukarest«, rief einer. Die anderen taten es ihm
nach.

Ein anderer mit roten Haaren entschuldigte sich bei uns.
»Wenn die saufen, sind die außer Kontrolle«, sagte er.

Wir machten ihn auf Marius aufmerksam. Der war auf
die Theke gestiegen, um dort brünstige Balzlaute von sich
zu geben und dabei wie ein Hahn sein Haupt aufzurichten.

Wir schauten unseren Freunden, die sich schwachsinnig gesoffen hatten, eine Weile zu, aber die Luft für den Abend war raus.

Der Barmann stand hinter uns. Er empfahl uns, den Laden, so schnell es ging, zu verlassen, bevor die Türsteher uns rausschmeißen würden. Wir küssten ihn auf beide Wangen und verließen den Club.

Marius, Ana, Vitor und ich setzten uns auf einen Bordstein ein paar Meter vom Eingang entfernt. Die Franzosen hatten sich nicht mal verabschiedet und waren, irre Laute von sich gebend, in das nächste Uber gestiegen.

»Lass dich niemals auf Franzosen ein.« Ana legte sich mit dem Rücken auf das Pflaster. »Die machen nur Ärger.«

»Never follow the French«, sagte Marius.

»Never follow the French«, besiegelte Vitor mit einem Unicum, den er sich und uns von einem chiosc besorgt hatte.

»Das soll was heißen, dass ihr die Franzosen mehr hasst als uns Deutsche«, sagte ich und trank.

Ana warf ihr Schnapsglas auf die Straße. Sie atmete durch. »Manchmal seid ihr richtig arrogante, deutsche Arschlöcher. Wisst ihr das eigentlich?« Sie wandte sich an mich und Marius. »Müsst ihr immer alles kommentieren, was euch nicht passt?«

Ich stellte das leere Fläschchen neben mir ab und wartete.

Ana liefen die Tränen. Marius weinte gleich mit, das tat er immer, wenn er betrunken war.

Vitor nahm Ana in den Arm. Er schien zu verstehen, wovon sie sprach. Auch er kam aus einem Land, in dem die Dinge nicht immer so rundliefen, wie sie sollten.

Ich fing einen Monolog darüber an, dass ich keinen Bock

darauf hatte, mir meine Witze vermiesen zu lassen. Ich sprach von Satire, von der Freiheit, sich über andere lustig zu machen. Dann sagte ich, dass ich mal auf Lampedusa war, um Flüchtlingen zu helfen, und seitdem ein lebenslanges Recht auf politische Unkorrektheit hatte.

»Ich kann ja verstehen, dass Rumänien sehr witzig sein muss für euch organisierten Deutschen.« Ana legte ihre Hände in den Schoß, ihre Schultern hingen herab. »Aber ich lebe damit, Tag für Tag, verstehst du?«

Ich war froh darüber, dass Vitor in diesem Moment eine Fontäne in der Nähe gesichtet hatte. Er überredete uns hinzugehen.

Als ich in das Wasser eintauchte – meine Shorts hatte ich, so weit es geht, nach oben gezogen, meine Flipflops lagen auf dem Gehweg verteilt –, fühlte es sich fast so an, als seien wir in einem richtigen Pool. Nur dass sich dort kein schleimiges Taschentuch um meine Beine gewickelt hätte und dass dort der Geruch von Pisse vom Chlor überdeckt gewesen wäre.

Ich dachte darüber nach, was Ana gesagt hatte. Sie war in einem Staat aufgewachsen, der vom Kommunismus gezeichnet war – und jetzt lebte sie mit den Folgen. Ganze Landstriche waren in Rumänien verarmt, die einzige Chance, ein Leben aufzubauen, lag fernab der rumänischen Dörfer in der Stadt. Und ich, die aus dem verheißungsvollen Deutschland, wollte meine dummen Sprüche an sie abfeuern, weil mir schlicht danach war.

»Hast du noch einen Palinka?« Ich schwamm zu Ana, die feierlich die Plastikflasche aus dem Wasser blitzen ließ.

Wir leerten die Flasche gemeinsam und lagen uns danach in den Armen. Ich bewunderte diesen Willen zum Verzeihen bei der osteuropäischen Bevölkerung. Sie sagten, was sie dachten, sie stritten sich heftig. Aber sie waren in keinem Fall nachtragend, besonders nicht, wenn man die Versöhnung mit einem Schnaps besiegelt hatte.

Als uns die blauen Lichter der Bukarester Polizei näher kamen, saßen wir da und warteten darauf, dass sie uns aus der Fontäne schmeißen würden.

»Da kommt unser Uber.« Vitor machte Anstalten, aus dem Wasser zu steigen. »Das trifft sich gut, ich wollte sowieso schlafen. Aber ich sitze dieses Mal vorne, okay?«

## Sighişoara

Vitor und Marius waren nach dem Wochenende abgereist. Ich aber wollte meine Tour fortsetzen, weiter nach Transsilvanien, um den ursprünglichsten Palinka zu probieren.

Palinka ist ein starker Obstbrand, der überwiegend von der ungarischen Bevölkerung Rumäniens vor allem in der Karpatenregion hergestellt wird. Die ungarische Herkunft dieses mit über fünfzig Prozent Alkohol belegten Schnapses wird kein Rumäne gerne zugeben; und doch liebt er nichts mehr als seinen Palinka. Im Gegensatz zum rumänischen Ţuică, der meist aus Pflaumen hergestellt und vor allem in den südlichen Regionen des Landes getrunken wird, wird der Palinka immer zweimal destilliert. In den Wintermonaten wird er in Kupferkesseln, Baracken, Garagen, Hütten und Pferdeställen gebrannt: Kein Ort ist den Rumänen zu schade, um ihn nicht zu einer Brennerei umzufunktionieren. Die rumänische Regierung hat die Illegalität dieser Herstellungsmethoden weitestgehend geduldet – mit dem Eintritt Rumäniens in die Europäische Union wurde dem allerdings ein Riegel vorgeschoben: Jährlich darf jeder

Haushalt nur noch fünfzig Liter herstellen. So wird das nächste europäische Land in die Sinnkrise gestürzt.

Wenn du die Rumänen verstehen willst, musst du Palinka verstehen. Es ist kein leicht zu nehmendes Zeug, das sie dir da anbieten, und es fällt mir schwer, zu erklären, was dieser Teufelsbrand mit einem anstellt. Manieren und Körperfunktionen setzen aus. Im Rausch willst du einem Fremden an die Gurgel gehen, um im nächsten Moment an ebendieser Gurgel zu nuckeln.

Ich hatte eine fünfstündige Zugfahrt vor mir, in der wir nur knapp zweihundert Kilometer in die Mitte des Landes zurücklegen würden: Die Gleise Rumäniens gehören zu den am schlechtesten ausgebauten in Europa.

Ich sah nach der Nummer meines Zuges auf dem Ticket. In der Bahnhofsvorhalle suchte ich vergeblich nach einem Schild. Das Jugendstil-Gebäude wirkte wie halb abgerissen, die gelbe Pastellfarbe blätterte überall ab.

»Entschuldigen Sie«, sprach ich auf Englisch einen Schaffner an. »Da steht zwar meine Zugnummer auf dem Ticket, aber die Richtung, in die der geht, ist komplett falsch.«

Der ältere Herr hatte die Arme auf dem Rücken gekreuzt. Er hatte den Anflug eines Lächelns auf den Lippen, als müsse er sich zurückhalten, um nicht loszuprusten.

»Sighişoara?«, versuchte ich es noch einmal.

Er zeigte auf den Zug, der in die falsche Richtung fuhr.

»Sighişoara«, sagte ich jetzt fester.

Und wieder zeigte er auf den falschen Zug.

Wir waren in einer Endlosschleife gefangen, und das anfängliche Lächeln, das ich auf seinen Lippen erhascht hatte, mündete in einen ernsten Gesichtsausdruck.

Es herrschte Chaos auf dem Gleis, Touristen liefen hin

und her, selbst die Schaffner schienen immer wieder über Gleisänderungen und Zugnummern zu diskutieren, sie wurden selbst nicht schlau aus dem, was hier vor sich ging.

Ich beschloss, in den Zug einzusteigen, der mir von dem Schaffner empfohlen worden war. Ich hoffte auf das Beste.

»Scheiße, Scheiße, Scheiße«, sagte ich leise zu mir selbst, während ich am Gleis entlanglief.

»Alles okay?«, sprach mich jemand auf Deutsch an.

Oh, welch wunderbare Muttersprache. Neben mir lief ein junger Kerl Anfang zwanzig mit einem riesigem Rucksack auf dem Rücken.

»Weißt du, wo der Zug hinfährt?«, fragte ich ihn.

»Nach Târgu Mureş«, sagte er.

»Ich muss aber nach Sighişoara.«

»Kriegen wir hin.«

Er ließ mir den Vortritt in den dunkelgrün gestrichenen Zug, der aussah, als hätte er bereits im Ersten Weltkrieg einige Kilometer abgerissen. Ich wurde von einem Gulasch-Geruch empfangen. Eine Mutter hatte ihrem Kind vor der Abfahrt eine Tupperdose vor die Nase gestellt. »Iss!«, schien sie immer wieder zu sagen, aber das Kind patschte nur mit den Fingern in der Dose herum.

Das Abteil war fast voll, zwischendrin waren vereinzelt Plätze frei. Ich sah hauptsächlich junge Männer. Ältere und Familien schienen anders zu reisen, zumindest kam es mir so vor: Außer der Mutter und ihrem Kind sah ich keine weiteren Gruppierungen dieser Art. Ich schaute auf den grauen PVC-Boden, überall wies er schwarze Flecken auf, und Kaugummis waren festgelaufen. Die Sitze waren mit einem dunkelgrünen Stoff überzogen und wirkten, als würden sie gleich auseinanderbrechen. Ich setzte mich. Sie schienen einigermaßen bequem.

»Darf ich?«, fragte mich der junge Rumäne mit dem deutschen Sprachschatz und deutete auf den Sitz neben mir. Ich stand auf, schmiss meinen Rucksack auf eine Ablagerung und setzte mich wieder ans Fenster.

Die Tische, die hochklappbar sein sollten, waren in unserer Ecke nicht vorhanden. So hatte ich einen direkten Blick auf die Steckdose darunter. Ich steckte mein Ladegerät hinein und blieb mit dem Finger an einem Kaugummi kleben.

Ein Mann, der zwei Anoraks übereinander trug, ging durch das Abteil. Er hielt eine Plastiktüte in der Hand, in die er alte Zeitungen gestopft hatte. Er bot sie uns mit der einen Hand an, und die andere hielt er für Geld auf.

Der junge Rumäne neben mir winkte dankend ab, und der Mann zog weiter.

»Darf der das verkaufen?« Ich schaute dem Mann hinterher. »Die sind doch gebraucht?«

»Eigentlich nicht. Aber das ist einer alten, kommunistischen Denkweise geschuldet. Jede Arbeit hat ihre Berechtigung.«

Der junge Mann erzählte mir, dass er Mugurel heiße, seine Familie besuchen wolle, aber schon seit fünf Jahren in Deutschland studiere. Nach Rumänien wolle er erst mal nicht zurück. Auf dem Land würde man kaum Geld verdienen und müsse sich mit Jobs in Supermärkten zufriedengeben. Als Rentner würde er sich vielleicht ein Haus hier kaufen, aber jetzt würde das keinen Sinn machen, dafür sei die Währung zu instabil.

Der Schaffner kam, und ich zeigte ihm mein Ticket auf dem Handy. Er schnalzte nur herablassend und ging weiter.

»Du bist übrigens in guter Gesellschaft in Transsilvanien«, sagte Mugurel.

»Ist das so?«

»Die sogenannten Siebenbürger Sachsen haben vor Jahrhunderten das Gebiet besiedelt. Es gibt viele ältere Menschen dort, die Deutsch sprechen.«

»Das heißt, ich werde dort zurechtkommen?«

»Zur Not hilft auch Englisch«, sagte er. »Ganz so doof sind die Rumänen auch nicht.«

Auf den ersten Blick erschien mir Sighişoara wie ein Dorf im tiefsten Sibirien. Die Häuser waren renovierungsbedürftig, dafür aber in den schillerndsten Pastellfarben gestrichen. Auch hier fanden die Kabel der gesamten Straße an einem Mast zusammen. Pferdekutschen fuhren neben Autos.

Ich verabschiedete mich von Mugurel, nachdem er mir den Weg ins Zentrum gezeigt hatte.

»Und pass auf die da auf.« Er zeigte auf ein paar Frauen in Röcken und Männern mit Goldkettchen um den Hals. Sie sprangen auf den Gleisen herum, als würden dort keine Züge fahren. Sie hatten dunkle Haut, und Mugurel erklärte mir, dass auch unter Zigeunern eine Rangordnung herrschte, die sich an der Hautfarbe orientierte. Je heller, desto besser.

»Aber das sind doch Rumänen? Genauso wie du?«, fragte ich.

»Bist du irre? Die gehören nicht zu uns. Die meisten von uns würden sie am liebsten erschießen.«

Sie taten mir leid, wie sie dort fernab aller gesellschaftlichen Regeln hausierten und nach etwas Essbarem suchten. Und mich widerte es an, wie die Rumänen über sie sprachen. Diese sogenannten Zigeuner waren in ganz Europa von der Gesellschaft ausgeschlossen, und in ihrem eigenen Ballungsraum, in den Balkanstaaten, hatten sie bis heute keine Heimat gefunden.

Ich vergaß den jungen Studenten und schaute in meinen Mails nach der Adresse der Pension, in der ich heute Nacht absteigen wollte. Pensiune heißen in Rumänien die Gästehäuser, die von Privatleuten betrieben werden.

Ich folgte meinem Navi und stand innerhalb von zehn Minuten vor einem großen Holztor. Die Fensterläden, an denen Blumenkästen mit roten Rosen und Efeu hingen, hatten etwas Deutsch-Rustikales. Teo, der Besitzer und vielleicht bekannteste Palinka-Hersteller der Region, begrüßte mich im Innenhof, in dem mehrere kleine Pfade zu verschiedenen Türen führten. Das Haus gehörte seinen Eltern, erklärte er mir, und die hatten es wiederum von seinen Großeltern geerbt.

Ich fragte ihn, ob sie Deutsche waren.

»Not really«, sagte er. »But we have here many Deutsche.«

Ich fragte ihn nach dem Keller, in dem er den Palinka aufbewahrte. Ich hatte darüber auf seiner Internetseite gelesen. Teo lagerte eine der bekanntesten Obstbrand-Sorten der Region im unteren Stockwerk seines Hauses.

»Weißt du, ich habe internationale Prizes mit Palinka gewonnen«, sagte Teo. »Aber heute, I really can't open. Wir haben ein Familienfest.« Er griff in einen kleinen Kühlschrank neben einer Holzbank und holte drei kleine Schnapsflaschen heraus. Teo überreichte sie mir. Auf jeder war sein Name und der Name der pensiune aufgedruckt. »Birne, Pflaume, Apfel.« Er neigte den Kopf zur Seite. »All for you. Schön bitte.«

Mein Zimmer hatte etwas Amerikanisches: lange, weiße Gardinen, die bis zum Boden reichten, und ein riesiges Boxspringbett. Ich öffnete das Fenster und schaute über die Dächer der Stadt. Ein Duft von heißem Fett vermengte sich mit der abendlichen Spätsommerwärme. Ich schaltete das rumänische Fernsehen an, obwohl ich kein Wort verstand.

Ich blieb einige Minuten davor sitzen und trank den ersten Palinka aus der roten Flasche. Ich hielt es da wie mein Opa Willi: Wenn Alkohol im Haus ist, muss der weg.

Wie viel Prozent diese erste Flasche hatte, ließ sich nicht nachlesen. Ich hatte nur einen Schluck gebraucht, um ihn zu vernichten. Ich war überrascht, denn dieser Palinka schmeckte nach süßen Pflaumen. Kein Brennen im Hals, kein Schütteln. Nur ein sanftes Zucken in der Kehle.

Ich beschloss, einen weiteren zu trinken, dieses Mal wählte ich die gelbe Flasche. Nun ereilte mich das Brennen doch noch, das Ziehen und Würgen. Ich beruhigte mich wieder, spülte mit Wasser nach. Ein angenehmer, weicher Geschmack breitete sich am Ende auf meiner Zunge aus. Das musste der Apfel gewesen sein. Ich schaltete auf den Kanälen im Fernsehen herum. Nach ein paar Minuten hatte ich das Gefühl, dass ich das Rumänische im Fernsehen viel besser verstand. Nach weiteren fünf Minuten war ich mir bereits sicher, im Herzen eine Rumänin zu sein. Ich wog mich im Takt der rumänischen Wetteransage. Ich wusste haargenau, wovon der Moderator sprach. Von den Stürmen und Böen, den Sonnenstrahlen und Schneebergen, die das Land in der nächsten Woche ereilen würde. Ich fühlte mich mit meinem Volk verbunden. Dann knurrte mein Magen.

Die letzte Flasche ließ ich auf dem Nachtschrank stehen. Ich warf meine Handtasche über die Schulter und machte mich auf den Weg in die Stadt.

Ich folgte dem Kopfsteinpflaster in Richtung Zentrum. Die orange schimmernden Lampen beleuchteten die Häuser, die trotz ihrer Steinfassade auch deutsche Almhütten hätten sein können. Ich kam an einem Dracula-Restaurant vorbei. Hier konnten Touristen das Zimmer besuchen, in dem Vlad geboren wurde – jener grausame, aber gerechte Herrscher des 15. Jahrhunderts, der Bram Stoker zum Dracula inspiriert hatte.

Palinca, handcrafted, las ich auf einem Schild vor einer Gaststätte. Das klang gut, jedenfalls besser als eine jahrhundertealte Sage von einem alten Knacker, der einen Tick zu lange an seinen Knoblauchzehen geschnüffelt hatte.

Ich ging unter einem Bogen hindurch und landete in einem dunklen Gewölbe. Von hier aus wusste ich nicht weiter, und es gab niemanden, den ich hätte fragen können. Bald sah ich, dass an den Steinmauern Kerzen angebracht waren. Die Decke wurde mit dem Meter tiefer, sodass ich mich bücken musste. Ich hörte das Echo meiner Schritte und war kurz davor, umzudrehen.

Am anderen Ende des Gemäuers kam ich auf einer Terrasse heraus. Über den Tischen waren Lichterketten und Efeuranken angebracht. Am hinteren Ende der Terrasse befand sich eine runde Theke, die mit Weintrauben bedeckt war. In der Mitte war eine Stelle frei geblieben: Hier lagen die Hände eines Kellners mit dem eiskalten Blick und kahlen Kopf einer modernen Dracula-Version.

»Kann ich bei dir hausgemachten Palinka trinken?«, fragte ich ihn.

Er nickte, sprach aber kein Wort. Stattdessen zog er eine unbeschriftete, durchsichtige Flasche hervor.

»Brennt ihr das Zeug selber?«, fragte ich.

Der junge Dracula konzentrierte sich auf das Eingießen, reagierte noch immer nicht.

»Wenn ja: Darf ich da mal zuschauen?« Ich hatte mich auf die Theke gelehnt. »Wenn es denn keine Umstände macht.«

Wieder keine Antwort.

»Dann halt nicht, du dämlicher Hipster-Dracula. Deine roten Hosenträger sind übrigens saupeinlich«, sagte ich.

Die Transsilvanier machten einen solchen Aufriss um ihren Palinka, dass mir die Lust daran verging.

Dennoch zog ich den Schnaps in einem runter. Verschwendung ist kaum eine adäquate Rache, sondern nur eine verbitterte Selbstgeißelung.

Im hintersten Teil des Gartens hörte ich eine Gruppe Franzosen. Mich ärgerte das so sehr, dass ich gleich noch einen Palinka verlangte: Diese Franzosen, die hatten sich wirklich überall in Europa versammelt. Und immer benahmen sie sich so, als hätten sie den gottverdammten Kontinent kolonialisiert.

Ich drehte mich zu Dracula, ich stierte ihn so lange an, bis er Gefallen daran gefunden hatte, es mir gleichzutun.

»Kann ich weiterhelfen?« Einer der Franzosen stand jetzt neben mir, zumindest hatte er die Hälfte seines Lachens immer noch auf dem Gesicht kleben. Er schien einige Jahre älter zu sein als ich, allerdings nicht über vierzig. Er hatte die Haare hinter die Ohren geklemmt und konnte nicht aufhören, sie immer wieder mit den Händen dorthin zu verbannen.

»Damit wäre ich vorsichtig.« Er klopfte mit der Fingerkuppe an mein Glas.

»Ich hatte schon drei«, sagte ich.

»Polin?«, fragte er.

»Deutsche«, sagte ich.

Er verbeugte sich spielerisch, reichte mir die Hand. »Tudor, mein Name. Wie geht es der geschätzten Frau Merkel?«

»Tudor«, wiederholte ich. »Soll das französisch sein?«

»Nein, ganz und gar nicht. Ich bin Rumäne.«

Ich fragte ihn, warum er dann fließend Französisch am Tisch gesprochen habe, und er erklärte mir, dass seine Eltern vor seiner Geburt nach Rumänien ausgewandert seien, er aber zu Hause ausschließlich Französisch gesprochen habe. Heute arbeite er als Touristenführer in der Stadt. Er bestellte sich ein Glas Weißwein.

»Willst du keinen Palinka?«, fragte ich. »Du bist doch Rumäne.«

Tudor forderte mich auf, einen Schluck von seinem Wein zu probieren.

»Herzlichen Glückwunsch, du hast soeben einen rumänischen Chardonnay getrunken«, sagte er. »Wir gehören zu den ältesten Weinanbauern Europas – wusstest du das nicht? Klimatechnisch liegen wir auf demselben Breitengrad wie Frankreich.« Er hielt sich nun selbst den Wein an die Lippen und nippte daran.

»Ich bin beeindruckt«, sagte ich. Das war ich wirklich. Ich hatte Italien, Frankreich und Spanien mit dem Weinanbau verbunden. Rumänien war da neu auf meiner inneren Landkarte.

»Wie läuft der Export? War es ein ertragreiches Jahr?« Ich versuchte die Fachfrau zu geben. Dabei hatte ich meine Jugend damit verbracht, Wein vom Aldi für 1,99 in mich reinzuschütten.

»Neunzig Prozent davon trinken wir Rumänen selber.« Tudor nahm wie als Bestätigung einen großen Schluck. »Aber das wird sich in den nächsten Jahren ändern, wenn die erst mal die Maschinen aufgebessert haben.«

Ich schaute ihn fragend an, dabei versuchte ich zu verstehen, warum der Wein, den ich gerade trank, mich eher an den Wein vom Aldi erinnerte als an einen Wein aus einem Land, das eine 6000 Jahre lange Tradition damit verband.

»Die Kellertechnik ist allerdings veraltet«, erklärte Tudor.
»Außerdem sind wir für den Rest der Welt nur Gauner, die
nichts auf die Reihe bekommen.« Er brüstete sich, stand
aufrecht am Tresen.

»Den Sprung in die Union habt ihr ja schon mal geschafft«, sagte ich.

»Wir sind auch nicht das Problem.« Tudor lehnte sich
vor, weihte mich und den Dracula hinter der Theke in sein
Geheimnis ein.

»Terroristen«, so sprach er jetzt. »Die sind das Problem.
Das kannst du gerne auch mal deiner Frau Merkel sagen.«

Ich bestellte bei Dracula noch einen Palinka. Mir mundete
der Wein nicht, sein Wesen schien mir durchwachsen,
genauso wie dieses Gespräch.

Tudor zeigte schamlos auf meine nackten Beine unter
meinem Sommerkleid. »Die darfst du in zehn Jahren nicht
mehr zeigen, wenn die Sharia herrscht. Weißt du das?«

Ich atmete den Palinka in einem weg. Ich ertrug Tudors
Ignoranz nicht, obwohl ich ihm zugutehalten musste, dass
er mit Franzosen zusammenarbeitete: Die waren ja besonders davon betroffen.

»Alle Muslime sind für dich Terroristen?«, fragte ich.

»Viele«, sagte Tudor.

»Tja, für uns sind alle Rumänen Zigeuner«, sagte ich.

Tudor ließ sein Glas auf die Theke sinken. Er schluckte,
suchte Draculas Blick, der seinen Arbeitsplatz zu meiden
versuchte, indem er das Gewölbe putzte.

»Nenne diese beiden Wörter bitte nie wieder in einem
Satz«, sagte er langsam.

»Der Großteil der Deutschen sieht das aber leider so.«
Ich zuckte mit den Schultern.

»Du willst also eine Lanze für Muslime brechen? Weißt

du etwa nicht, was im Bataclan passiert ist?« Er hatte seine Atmung kaum mehr unter Kontrolle. »Wenn alles erst mal unter der Sharia steht, ist Schluss mit allem, was Spaß macht – und besonders mit deinem Palinka.« Drohend zeigte er auf mein leeres Glas. Dann griff er in seine Hosentasche und holte zwei Zigaretten heraus. Er überreichte mir eine davon und sprach weiter, dabei hatte ich noch kein Wort auf seine Albernheiten erwidert. »Jetzt beruhigen wir uns erst mal«, sagte er. »Verstehst du denn nicht, dass sie unsere Werte angreifen?«

»Und Menschen in Not helfen ist kein Wert?«, fragte ich.

»Es muss nur einer hier eine Bombe hochgehen lassen«, sagte Tudor. »Dann sprechen wir uns wieder.«

Ich drückte die Zigarette aus, reichte ihm nicht mal mehr die Hand. Der Mann schien nur eine Sekunde von einer Rede über Brüderlichkeit entfernt.

»Siehst du denn nicht, was um dich herum passiert?«, rief er mir hinterher.

Ich schaute mich um. Aber alles, was ich sah, war ein Garten, in dem ein paar nervige Franzosen sich den Kopf mit schlechtem rumänischem Wein zuschütteten.

»Du wirst noch winseln, wenn die Sharia erst mal bei uns angekommen ist. Und komm dann bloß nicht bei mir an.«

»Ganz bestimmt nicht«, rief ich zurück.

Ich steuerte auf das Gemäuer zu, durch das ich wieder nach draußen gelangen würde. Ich fluchte auf diesen Abend und auf die Franzosen. Am Ende würden sie es noch schaffen, uns alle auseinanderzureißen. Deren Sinn von Brüderlichkeit ging ja auch nur so weit, wie die Marseillaise vor einem Fußballspiel lang war.

Ich stand wieder auf der Straße, atmete die kühler werdende Abendluft ein. Ich wollte in die Stadt, runter vom

Hügel, in eine letzte Bar, einen letzten Palinka nehmen. Das Essen hatte ich darüber vollkommen vergessen.

Ich stürzte in einen Wollpulli hinein. Dann schaute ich hoch in ein Gesicht voller Sommersprossen. Der dazugehörige Mensch hatte seine Kamera wie eine Umhängetasche um die Hüften geschwungen.

»Da unten ist nichts mehr los«, sagte er. Er trug die Haare lockig und kurz. Hatte nur einen Saum, wo ein Bart sein sollte.

»Du bist Ami, oder?« Sein Akzent war mir gleich aufgefallen.

»Ich komme aus Oklahoma«, sagte er.

»Und warum bist du in Sighişoara?«

»Ich wollte Europa sehen. Dass ich ausgerechnet hier landen würde, hat mich auch überrascht.« Er ließ seine Schultern leicht nach hinten fallen. Die Hände steckte er in seine Hosentaschen. Er sah aus wie der Sänger einer erfolglosen Indie-Band.

Gemeinsam gingen wir zurück auf den Hügel. Er verriet mir seinen Namen – Kyle – und dass er plane, längerfristig in Europa zu bleiben. Er habe sich gerade von seiner Freundin getrennt und sehe keinen Sinn darin, mit ihr in der gleichen Stadt zu leben, geschweige denn im selben Land.

»Ich würde alles geben, um in Amerika leben zu dürfen«, sagte ich.

Er schmunzelte, dabei suchte er immer wieder meinen Blick. »Ihr guckt zu viele Highschool-Filme«, sagte er.

»American Pie war eine verdammte Erleuchtung«, sagte ich.

Kyle nahm seine Kamera zur Hand und fotografierte eine alte Kirche. »Vielfältiger als Europa geht es für mich jedenfalls nicht«, sagte er.

»Ach, am Ende saufen wir auch alle nur Gin Tonic«, sagte ich.

Wir sahen eine Bar, die noch offen hatte, nicht weit entfernt von der Kirche. Davor stand ein blonder, großer Mann, dessen Augenbrauen fast durchsichtig waren. Er hielt zwei Flaschen Bier in der Hand und tippte unentwegt in sein Handy.

Ich folgte Kyle in die Bar, in die man auf ein paar Treppenstufen hinuntergehen musste. Über der Theke hingen Fußballtrikots. Ein paar junge Leute spielten Dart.

Kyle holte uns zwei Ursus, das gleiche Bier wie aus dem Flugzeug.

»Schmeckt nach Ziege, oder?«, fragte ich ihn, als wir beide einen Schluck davon genommen hatten.

»Das ist besser als alles, was ich in den Staaten bekomme«, sagte Kyle.

Es war zu heiß in dem Laden, wir beschlossen, wieder rauszugehen. Oben stellten wir uns neben den Rumänen, der mittlerweile nur noch ein Bier in der Hand hielt.

»Ey, passt mal auf.« Er machte eine Pause. »Kennt ihr ›Jimmy the Dog‹?« Er schaute auf die Kirchturmspitze und schien zu beten. »Ich habe Jimmy ziemlich lange nicht mehr gesehen und wundere mich, wo er steckt. Könnt ihr mir helfen?« So traurig der Mann war, desto lauter fing er jetzt an zu lachen. »Wisst ihr, Jimmy läuft nachts durch die Stadt und lässt sich von Touristen streicheln. Am Tag pennt er die ganze Zeit in der Sonne.«

Der Rumäne zeigte uns ein Foto von einem Labrador mit ziemlich langen Haaren und einer roten Nase auf seinem Handy.

Kyle und ich sahen uns an. Dabei strich er wie zufällig, wie ein Windhauch, über meinen Arm. Alles, was der

Rumäne über seinen Hund erzählte, trat in den Hintergrund.

»Du schreibst?« Kyle schaute runter auf meine Handtasche, aus der mein Notizblock herausschaute. Ich musste vergessen haben, es richtig einzustecken, nachdem ich den letzten Palinka bezahlt hatte.

»Ein bisschen.« Ich errötete.

»Ich würde auch gerne. Aber ich finde keine Zeit.«

»Du reist durch Europa und hast keine Zeit?«

»Es gibt so viele Dinge, die mehr Spaß machen«, sagte er.

»Ich weiß genau, was du meinst«, sagte ich.

Der Rumäne saß jetzt auf dem Bordstein, er hatte sein Gesicht in die Hände gestützt und rief immer wieder nach Jimmy. Er schmiss die zweite Bierflasche hinter sich und fing an zu schluchzen.

Kyle und ich legten uns auf das Bett in meinem Zimmer. Ich lag auf der Seite, drückte auf einzelne seiner Sommersprossen. Dann drehte ich mich zum Nachtschrank und suchte nach der letzten Schnapsflasche, die ich auf dem Zimmer gelassen hatte. Ich griff nach dem Buch, das ich gerade las, und warf es Kyle zu.

»Kennst du ›On the Road‹?« Dabei drehte ich die kleine Flasche auf, die ich in der Schublade gefunden hatte.

»Du liest auf Englisch?« Kyle blätterte darin und las ein paar Sätze auf einer beliebigen Seite. »Worum geht es?«

»Um einen Typen, der durch die Staaten reist und dabei ziemlich schräge Typen trifft«, sagte ich.

Kyle lehnte sich mit dem Rücken an die Bettlehne. »Klingt lustig.«

»Es ist eigentlich sehr ernst.« Ich trank einen kleinen Schluck und gab die Flasche an Kyle weiter. Ich beobachtete ihn von der Seite, zählte seine Locken und spielte mit den Fingern darin herum.

»Frauen sind in der Reiseliteratur vollkommen unterrepräsentiert, wusstest du das? Es sind meist die Männer, die sich auf heroische Abenteuerfahrten machen«, begann ich zu erzählen.

»Und trotzdem habe ich dich in Transsilvanien getroffen«, sagte Kyle. Er trank den Rest der Flasche aus. »Das ist Birne, oder?«

Ich lehnte mich an seine Schulter und hörte durch den Wollpulli, wie sein Herz klopfte.

Er biss auf seiner Lippe herum, offenbar versuchte er den Geschmack einzuordnen. Ich knipste das Licht auf dem Nachtschrank aus. Ich küsste ihn und drehte mich in seine Umarmung hinein. Noch lange hatte ich den Geschmack von Birne auf den Lippen.

# 11

## Kurva, wo liegt Schlesien?

Meine Mutter rief mich an, um mir mitzuteilen, dass sie genug von ihrem Schrottwagen hatte und mir diesen mit sofortiger Wirkung vererben würde. Sie hatte sich bereits den klapprigen Mercedes meines Vaters angeeignet, und der hatte in seinem Leben so viel wiedergutzumachen, dass er sich darüber mit keiner Silbe beschwert hatte.

Obwohl ich bereits im Osten war, entschied ich mich, zurück nach Deutschland zu fliegen, um von dort aus mit der Karre nach Polen zu fahren.

Ich hatte es satt, auf Piloten, Busfahrer und Lokführer angewiesen zu sein. Ich wollte nur ein einziges Mal selbst das Steuer übernehmen. Das Privileg nutzen, in kleinen Dörfern anhalten zu können: Dort, wo es mich hinzog, wollte ich auf der Stelle stehen bleiben.

Der Wagen war zwanzig Jahre alt, und es gab keine Garantie dafür, dass er im nächsten Jahr durch den TÜV kommen würde. Zwar erweckte dieser von meiner Mutter eröffnete Fakt nicht unbedingt mein Vertrauen, aber es war zu spät. Ich sah mich bereits auf einem Roadtrip gen Osten heizen, sah mich mit einer Rinderherde um die Wette fahren und Babuschkas zum Supermarkt mitnehmen.

Ich wollte von Polen über die Ukraine in die Republik Moldau fahren. Dort würde ich den Wagen, nachdem ich ihn durch den gesamten Ostteil des Kontinents geprügelt hatte, mit loser Handbremse in einen Abgrund krachen lassen. Meine letzte Station würde dann Moskau sein, die letzte europäische Hauptstadt vor Asien. Hier, wo Europa endete, sollte auch meine Reise auf diesem Kontinent enden. Sie hatte einen dramatischen Abgang verdient.

Wie sich schnell herausstellte, benötigte ich für Russland ein Visum. Ich beauftragte einen Onlinedienst damit, mir eines zu besorgen. Ich brauchte nichts weiter zu tun, als zwei Wochen auf der Couch meiner Eltern meinen Rausch auszuschlafen.

In zwölf Stunden fuhr ich über Berlin weiter über die Grenze nach Polen. Es überraschte mich, wie gut die Autobahnen hier ausgebaut waren. Mit hundertfünfzig fuhr ich auf geteerten Straßen und riss so einige Stunden ab. Ich hatte mit meiner Zickzackreise von Bukarest nach Deutschland nach Polen keinen besonders feinsinnigen Orientierungssinn bewiesen. Die ganze Zeit war ich mit dem Herzen unterwegs gewesen und nicht mit einer Land-karte.

Dies war bereits mein zweiter Versuch, dem Geiste meiner Familie näher zu kommen, denn in mir lag eine Polin verborgen. Die italienische Seite meines Vaters hatte ich abgefrühstückt, die musste ich so schnell nicht wiedersehen, da hatte sich der Bedarf relativ schnell gedeckt, was jedem, der länger mit Italienern zusammengelebt hat, einleuchtet. Aber da war eben noch ein anderer Teil in mir.

Mein Urgroßvater Georg war Schlesier. Er war nach dem Krieg im Zuge der Vertreibung zu Fuß nach Deutschland gekommen. Hier hatte er seinen Namen in einen deutschen ändern lassen, mit dem einstigen Polen wollte er nichts mehr zu tun haben. Er ließ sich in Westfalen nieder, wo auch meine Mutter zur Welt gekommen war – und wo auch ich geboren wurde.

Ich stand auf einem Parkplatz in der Nähe von Breslau und rief meine Großmutter an, um Fakten zu schaffen. Ich fragte sie nach der Geburtsstadt meines Urgroßvaters, als sei sie mir diese Antwort seit Jahrzehnten schuldig. Dabei hatte ich mich noch nie zuvor mit der Familiengeschichte meiner Mutter auseinandergesetzt.

Sie klang unsicher, aber mindestens empört: »Na, aus Westfalen kommt er doch wohl, dein Urgroßvater, nicht?«

»Nein, Oma. Mein Urgroßvater kommt aus Polen.«

»Opa Willi?«

»Das ist dein Mann, Oma.«

»Dein Opa war mein Mann?« Sie lachte, als stünde das außerhalb der menschlichen Möglichkeiten. Als sei ich diejenige, die einer Krankheit verfallen war, die nach und nach meine Gehirnzellen zerstörte.

Aber ich durfte nicht zu tief graben. Am Ende würde sie noch einen Schock erleiden und mir ihren schlechten Zustand anhängen. Denn niemand in meiner Familie vergaß jemals etwas. Jahrelang hatte die Sippe mir vorgehalten, dass ich Opa Willi posthum auf einer Familienfeier ein versoffenes Arschloch genannt hatte, nachdem ich selber eine gute halbe Flasche Wodka vernichtet hatte. Wir sind eine Brut der Nachtragenden.

Ich musste das Telefongespräch also sachte beenden.

»Oma, ich wünsch dir was«, sagte ich und legte auf. Wir Westfalen wünschten immer irgendwem etwas. Aber was das genau war, wusste keiner.

Viele der Familiengeschichten junger Deutscher hatten ihren Ursprung in Schlesien. Davon erzählten Familiennamen wie Fitzek, Kretschmar oder Wollny. Die Region war vor dem Zweiten Weltkrieg ein Teil des deutschen Reichs gewesen. Heute gab es 150 000 Schlesier, die sich laut Umfragen in dem Gebiet immer noch als Deutsche fühlten. Schlesien war in seiner tausendjährigen Geschichte wiederholt in seinen Grenzen verrückt worden. Es stand unter polnischer, habsburgischer, deutscher und böhmischer Herrschaft, jedoch nie unter seiner eigenen. Nach dem Zweiten Weltkrieg waren viele Deutsche vor der Roten Armee geflüchtet. Hitler stand kurz davor, den Krieg zu verlieren, und die polnische Regierung bereitete die systematische Vertreibung der Schlesier vor. Bis auf einen Teil, der wegen wirtschaftlicher Aspekte bleiben durfte, wurden ganze Familien, ganze Generationen nach Deutschland zurückbeordert, wo sie vor dem Nichts standen, denn ihr Hab und Gut war von der polnischen Regierung eingezogen.

Ich musste in das Herz Schlesiens fahren, um meine Familiengeschichte zu verstehen. Vielleicht würde ich in den Gesichtern der Nachfahren einen Zugang zu meiner polnischen Seite finden. Der Alkohol würde sein Übriges tun.

Ich kam am frühen Abend in Krakau an. Mehrmals war ich an einem Schild vorbeigekommen, auf dem die europäische Flagge zu sehen gewesen war; ich nahm an, dass die EU ordentlich Teer zu den Straßen beigesteuert hatte.

Ich war einer Landstraße in die Stadt gefolgt. Die Wagen vor und hinter mir waren weitaus besser für die ruckeligen Straßen geeignet als die modernen Modelle mit Sitzheizung. Die polnische Stimme im Radio stilisierte meinen Zustand zum Nervenzusammenbruch, und ich sah mich gezwungen, diese immer lauter zu drehen, um das Rattern meiner

Reifen nicht mehr hören zu müssen: Außerhalb der Autobahnen fuhr es sich weitaus abenteuerlicher.

Warum hatte ich mich noch mal zu diesem Roadtrip entschlossen? Warum wollte ich meine Reise in einem Desaster enden lassen? Wie war ich überhaupt auf die Idee gekommen, im Herbst nach Polen zu reisen, wenn die Tage kürzer wurden und die Nächte früher die Fahrtsicht beeinträchtigten?

Ich beruhigte mich, als ich an den herrschaftlichen Krakauer Regierungsgebäuden vorbeifuhr. Ich war beeindruckt von ihrem guten Zustand und den offensichtlich barocken Einflüssen, die das Zentrum vereinnahmten. Seit jeher hatte ich mir den Osten als einen Schrecken einflößenden Ort vorgestellt. Aber das, was die Architektur hier bot, übertraf Göteborg oder Amsterdam bei Weitem. Offenbar hatte Stalins Wahn zum Pragmatismus nicht alles Schöne in diesem Landstrich zerstört.

Das Hostel Lenin befand sich in einer mit Kopfstein gepflasterten Seitenstraße Krakaus, gegenüber eines kleinen Supermarkts, auf dessen Parkplatz ich mein Auto abstellte.

Die Wände im Eingangsbereich waren rot gestrichen, und überall hingen Fotos von Lenin und seinen bolschewistischen Brüdern. Während Stalin aus dem öffentlichen Stadtbild verschwunden war, wurde er zum Revoluzzer stilisiert.

Die Wände in meinem Zimmer waren weiß-kahl, das Zimmer recht klein, sodass nur ein Doppelbett und ein kleiner Schrank darin Platz fanden. Durch das Fenster drang kaum Tageslicht, und ich fühlte mich, als sei ich in einem Kellergeschoss untergebracht. In diesem Zimmer konnte man wahrhaftig nur mit zugesoffener Birne schlafen. Nur so würde ich die Ungemütlichkeit aus meinem Bewusstsein schlagen können: mit einer aggressiven, aber ehrlichen

Betrunkenheit, die hierzulande besonders geschätzt wurde. Polen gehört als slawisches Land einer alkoholexzessiven Trinkkultur an, die das Trinken als eine Notwendigkeit ansieht und als Zeichen der Männlichkeit.

Meine Abendplanung stand: Erst würde ich nach Schlesien fahren, um nach den Spuren meiner Vorfahren zu suchen. Später würde ich in Krakau mit ihren Nachkommen feiern.

Kattowitz liegt nicht weit von Krakau entfernt. Die Stadt mit 300 000 Einwohnern ist am äußersten Rand des Gebiets Schlesien zu finden, dessen Ballungsraum dreieinhalb Millionen Menschen einzieht. Ich hatte eine Kleinstadt erwartet; tatsächlich fuhr ich in ein imposantes Stadtzentrum ein.

Mir fiel sofort das Staatstheater auf. Es wurde zum Abend hin ausgeleuchtet, allerdings erinnerte die aschgraue Fassade an ein anonymes Bürogebäude. Hier beschloss ich zu parken. Egal, wie viel Zloty mich das kosten würde, über eines war ich mir klar: Nirgends in Europa wurde so argwöhnisch über das Falschparken gerichtet wie in Deutschland. Niemand hatte sich so sehr Strafzettel und Verwarnungen auf die Seele tätowiert wie der deutschbürokratische Verwaltungsapparat.

Durch das Autofenster hörte ich dumpf, wie sich zwei Männer über meine Karre unterhielten.

»Auto gut«, sagte der eine und rotzte auf den Gehweg.

»Deutsche Auto immer besser«, sagte der zweite, der einen längeren Mantel mit Pelzeinsatz auf der Schulter trug und eine Fresse zog, als hätte er Putin höchstpersönlich zur Strecke gebracht.

Ich wusste, dass Polen gut mit Autos konnten und dass das allgemeine Vorurteil, sie würden diese nur klauen, aus der Luft gegriffen war. Dafür war ich zu offen meinen Landsmännern gegenüber; dazu war ich zu sehr im jungen Europa aufgewachsen, als dass ich mich davon hätte beeinflussen lassen. Es war mir dennoch lieber, ein zweites Mal nachzusehen, ob ich den Wagen auch wirklich abgeschlossen hatte, nichts für ungut.

Ich lief unter Straßenlaternen weiter in die Stadt hinein. Im Gegensatz zu Krakau war Kattowitz keine architektonische Schönheit. Hier wechselten sich barocke Gebäude mit Plattenbauten aus dem Sozialismus ab, teilweise waren ganze Ecken in Schutt und Asche gelegt. Es wurde außerdem kühl zum Abend, und ich wollte einkehren. Ich las auf einem braunen Fensterglas: Bar Mleczny. Das klang nach einem Ort, an dem ich meine Familie würde finden können.

Eine dicke Frau mit einer weißen Schürze und Zigarette im Mund lief auf mich zu. Sie redete auf Polnisch auf mich ein.

Ich sagte nur »Tak«, immer wieder »Tak«. Die polnische Bejahung war eines der wenigen Wörter, die ich kannte.

Ich setzte mich in die hinterste Ecke der Bar in ängstlicher Vorahnung. Der Raum war trostlos. Es gab weder Blumen noch sonstige Dekoration. Der Boden war schwarz gefliest und die Wände braun gestrichen. Ich wusste bereits von den Milchbars, die zu Zeiten des Kommunismus vom Staat subventioniert wurden. Dahinter stand die Idee, dass auch ärmere Familien sich ein warmes Essen außerhalb leisten konnten. Ich saß also in einer dieser übrig gebliebenen Staatseinrichtungen und hatte keinen blassen Schimmer, was man mir auftischen würde.

Die polnische Mama brachte mir den Teller, sie lächelte nicht, sie sagte nichts, sie ließ mich nur mit fünf Beuteltaschen in der letzten Ecke der Bar versauern.

»Piwo?«, rief ich ihr hinterher. Ich hatte nach einem Bier verlangt. Zwei gefühlte Sekunden später stand ein frisch gezapftes Glas auf dem Tisch, neben dem von Messern zerkratzten Teller mit den wohl besten Piroggen, die ich je gegessen hatte. Das Fleisch, so herzhaft zart und doch so pfeffrig gewürzt; die Brühe, die bis in die tiefsten Fasern dieser Teigtaschen eingezogen war. Das Vegetarierdasein wurde mir in Schlesien ein für alle Mal ausgetrieben.

Im Osten war das sowieso eine Tugend, die sich nicht lange auszahlte. Die polnische Hausmannskost basierte auf animalischer Kost – und wer war ich schon auf dieser großen, weiten Welt, um meiner eigenen Familie den Rücken zu kehren?

Ich leerte mein Bier zügig, das Essen hatte ich schneller in mich reingestopft als ein rumänisches Straßenkind.

Ich ging mit einigen Zloty auf die Polenmutti zu, die sich zu mir umdrehte. Mit heruntergezogenen Mundwinkeln stand sie da. Sie zeigte auf ihren Bauch und machte Kreisbewegungen. Ob es mir denn geschmeckt habe?

»Tak, tak«, sagte ich und fühlte mich recht beschränkt, weil ich nichts Geistreicheres zu sagen hatte. Ich reichte ihr zwanzig Zloty, ohne das Rückgeld anzunehmen. Für das gesamte Abendessen hatte ich knapp fünf Euro bezahlt. Ich brauchte dringend Licht nach dieser schroffen, lustlosen Begegnung. Ich wollte an die Promenade und junge Menschen kennenlernen, die sich bei Bier und Schnaps näherkamen.

Ich fand als Erstes eine Bar, in der hauptsächlich Studenten saßen und zwei alte Knacker. Violettfarbene Lichter leuchteten von der Decke auf ihre Köpfe. Das hier sollte nun meine Familie sein. Das ergab durchaus Sinn, denn mir war keiner von ihnen sympathisch.

»Piwo«, rief ich zur Theke, um die Stimmung ein wenig zu lockern. Dann setzte ich mich an einen freien Tisch und wartete auf mein Bier.

Ich erntete böse Blicke. Männliche, garstige Blicke, die mich nicht losließen, selbst als sie ihr Bier in sich reinschütteten, selbst als ich meine Jacke auszog.

Ich bedankte mich bei der Kellnerin, die mir nun auch meines brachte und mich anlächelte.

»Du bist keine Polin, oder?«, fragte ich sie.

»Nö, ich bin Schlesierin.« Sie lachte und stemmte dabei ihre Hände in die Hüften. »Was hat mich verraten?«

»Du hast gelächelt«, sagte ich.

»Wenn ein Pole dich blöd anguckt, ist das schon die halbe Miete. Dann beachtet er dich wenigstens«, erklärte sie mir.

Ihr Deutsch war hervorragend, lediglich das »R« rollte sie einen Tick zu lange.

Ich beobachtete die zwei alten Männer am Tisch neben mir. Ihre Stimmen waren laut und abgehackt, jedes Wort schien wohl durchdacht den Kern der Sache zu treffen. Daneben, einen Tisch weiter hinten, saß ein jüngerer Kerl alleine an einem Tisch. Er trug einen dunklen Bart und im rechten Ohrläppchen einen Goldohrring.

»Alkohol verbindet«, redete ich mir selber ein. »Alkohol macht Gespräche möglich.« So ging ich auf den Tisch mit den beiden alten Herren zu.

Ich war aufgeregt, vielleicht zum ersten Mal auf dieser Reise. Bis jetzt war mir in diesem Land nur Gleichgültigkeit begegnet.

»Entschuldigung, ich habe ein paar Fragen.« Ich setzte mich, ohne dass mir jemand einen Stuhl angeboten hätte. Ich wollte an die Substanz der polnischen Volksseele.

Aber die beiden starrten mich nur an. Dann ging ihr

Blick zum Fernseher, der nahe der Decke angebracht war. In einer Szene fuhren ein paar Autos an Grenzpolizisten vorbei, die vor weißen Klapptischen saßen und Papiere unterschrieben.

»Technisch gesehen, gibt es ja gar keine Grenzkontrollen mehr«, versuchte ich eine Unterhaltung in Gang zu bringen.

Der ältere der beiden Männer mit dem vom Alkohol gezeichneten Gesicht und grauen Bartstoppeln rülpste daraufhin.

»Ah, Sie sprechen also Deutsch«, sagte ich. »Fühlen Sie sich denn auch als solcher?«

Er lachte müde in das halbleere Glas hinein, bis er es ausgetrunken hatte. Er zuckte mit den Schultern. »Ich bin Schlesier. Das ist ein Unterschied.«

Sein Freund neben ihm ergriff jetzt das Wort: »Die Unabhängigkeit Schlesiens wird kommen. Schlesien ist verdammt noch mal eine Sache des Verstandes!« Er haute mit der Faust auf den Tisch. Er schien jünger und energischer zu sein, aber der jahrelange Alkoholkonsum hatte auch sein Gesicht einfallen lassen. Es fiel ihm schwer, meinen Blick zu halten.

»Die beiden labern jeden Abend so eine Scheiße.« Nun mischte sich der Student am Tisch neben uns ein. »Die Unabhängigkeit Schlesiens ist reine Utopie.«

Die Stimmen aus dem Fernseher wurden unangenehm laut. Die Kellnerin stand mit der Fernbedienung neben unserem Tisch und warf den beiden Älteren einen provokanten Blick zu.

Ich sagte nichts. Ich schämte mich. Ich war bei unseren direkten Nachbarn zu Besuch und hatte keine Ahnung von den politischen Verhältnissen. Wie sollte ich so ein Gespräch führen?

»Wir halten es da wie im Kommunismus. Alles ertragen und auf bessere Zeiten hoffen.« Der ältere Schlesier mit den Bartstoppeln kippte sich nach diesem Statement sein Piwo weg.

»Hier, schau mal.« Der Student setzte sich ungefragt zu uns, er zeigte mir ein Bild auf seinem Handy. Darauf stand er vor einem dunklen Gebäude und formte mit den Fingern ein Peace-Zeichen.

»Wir haben ganz andere Probleme in Polen«, sagte er. »Warschau interessiert sich gerade einen Scheiß für Schlesien.«

»Was für Probleme?«, fragte ich.

»Die Pressefreiheit ist in Gefahr. Ganz zu schweigen von der Justiz. Die wird mächtig umgemodelt vom Präsidenten.«

Er erzählte von den wichtigen Referenden im Parlament, in dem der Justizapparat immer mehr abgebaut wurde. Jüngst hatte es eine Entscheidung dazu gegeben, dass sich hohe Pressevertreter bei der Regierung persönlich abnicken lassen mussten, bevor sie als Journalisten arbeiten durften. »Deswegen will auch die Hälfte der Leute in meinem Alter nach Deutschland«, sagte er.

Deutschland als das verheißungsvolle Land, Deutschland als das einzige europäische Land, in dem man ein glückliches Leben führte. Sie alle hatten ja keine Ahnung, wie falsch sie damit lagen.

»Na zdrowie«, riefen die Alten. Es war ein unverkennbarer Satz, ein unverkennbarer Klang, der von diesen magischen Worten ausging. Ich schaute auf das durchsichtige, braune Gesöff, das in einem Eierbecher vor mir stand.

»Trink«, sagte der Mann, der eben noch die Unabhängigkeit Schlesiens ausgerufen hatte. »Sonst sprechen wir kein Wort mehr mit dir.«

Ich nahm das Glas an mich und trank wie eine, die gleich für ihr Vaterland sterben musste. Ich hatte in meinem Leben selten einen so leckeren Schnaps probiert. Er lag warm auf der Zunge und war dickflüssig.

»Das ist Soplica. Haselnussschnaps«, sagte der Ältere mit den Bartstoppeln.

Ich drehte mich zu dem Studenten. »Wie viel Promille darf ich in Polen haben, um mein Auto nach Krakau zu bekommen?«

»Musst dich halt nicht erwischen lassen«, bellte es da hinter mir, aber ich ignorierte diesen Ausspruch von Bartstoppel gekonnt. Mir war bekannt, dass die Generation unserer Eltern diese Regeln recht lässig auslegten.

»Ich will nur wissen, wie die Gesetze dazu sind«, versuchte ich es wieder bei dem Studenten.

»Deutsche und ihre Regeln.« Der jüngere der beiden Alten lachte. »Und wo hat euch das hingebracht?«

»An die Spitze Europas«, antwortete ich.

Offenbar hatte ich damit ihren Respekt erlangt, denn wir stießen mit einem neuen Schnaps an, ich hatte es nicht mitbekommen, aber nun stand die Haselnussschnapsflasche in ihrer ganzen Pracht vor uns. War das ein Zeichen, dass sie mich doch mochten? Dass ich zu ihnen gehörte? Dass die Beleidigungen ein Ende haben würden? War ich im Kreise meiner Familie angekommen?

»Ich sage dir mal was«, fing da Bartstoppel an. »Wir Schlesier und wir Deutschen, wir müssen zusammenhalten.« Er schenkte noch einen ein. »Die Polen sind zu rein gar nichts zu gebrauchen«, flüsterte er.

»Am schlimmsten sind immer noch die Franzosen«, gab ich einen auf aller Welt bekannten Trinkspruch. »Never follow the French, sage ich ja immer.«

Spätestens jetzt war es an der Zeit, den Laden zu verlassen, wenn ich unbeschadet nach Krakau kommen wollte. Spätestens jetzt war der Zeitpunkt gekommen, an dem die Sauferei ein Ende haben musste. Aber ich war wie festgeklebt an dem Stuhl, mein Blick gebannt auf den Eierbecher. Nachdem ich diesen geleert hatte, wandte ich mich an die beiden älteren Semester.

»Ich möchte mich ausdrücklich für Hitler entschuldigen«, sagte ich. Ich fand, die Sache gehörte aus dem Weg geräumt. »Das ist alles wirklich gehörig aus dem Ruder gelaufen.«

»Ach, Stalin war auch nicht ohne«, fing der ältere und mir immer weiser erscheinende Mann an.

»Jedenfalls werden wir schon ein Plätzchen für dich dummes kleines Mädchen finden«, sagte sein jüngerer Freund und stellte mir einen neuen Schnaps hin. »Meine Frau macht ausgezeichnetes Frühstück; nach schlesischer Art selbstverständlich.«

Ich war gerührt. Das war eine Familie, wie ich sie mir immer gewünscht hatte: eine Institution, in der man sich beleidigen konnte, wann immer einem danach war. Aber in der man trotzdem immer gerne zum Frühstück kommen durfte.

»Ich fahre dich.« Der Student hatte sich wieder zu Wort gemeldet, nachdem er aus dem Kopfschütteln nicht mehr herausgekommen war. »Ich studiere in Krakau und müsste sonst morgen um sechs den Zug nehmen.«

Ich war so gerührt, dass ich gleich noch einen Schnaps trinken musste. »Warum sagst du das nicht eher«, weinte ich fast und wandte mich wieder an den jüngeren der beiden Männer: »Ich werde heute doch nach Krakau fahren. Aber du kannst deiner Frau für das Frühstück danken. Und

Bartstoppel«, wandte ich mich nun zum anderen, »Schlesien wird immer unser Schlesien bleiben.«

Und mit einem Schlag hatten sich in Kattowitz, in diesem gottverdammten Schlesien, von dem niemand in Europa großartig Notiz nahm, alle meine Probleme gelöst.

## Krakau

Wir kamen gegen Mitternacht an. Der Student, der sich mir während der Fahrt als Johann vorgestellt hatte, überreichte mir den Schlüssel. »So ein deutsches Auto ist schon was Feines«, sagte er.

Ich prüfte nach, ob er auch wirklich abgeschlossen hatte, und steckte den Schlüssel tief in die Handtasche.

»Bist du bereit für Krakau?«, fragte er. »Du machst doch nicht schlapp, oder?« Er nahm mich unter seinen Arm.

Neben uns ging eine Gruppe junger Polinnen. Sie trugen hohe Schuhe und liefen über das Kopfsteinpflaster, ohne auch nur ein einziges Mal darin stecken zu bleiben. Sie sprachen uns in ihrer Landessprache an, aber ich hatte keine Ahnung, um was es in der Unterhaltung ging.

Johann und ich folgten ihnen zu einem Platz, der Nowy hieß. Es handelte sich dabei um einen Marktplatz im jüdischen Viertel. Darauf standen Fressbuden. Drum herum hatten sich mehrere Bars angesiedelt; in allen war das Licht gedämmt. Die Bars waren gut besucht, es gab kaum freie Plätze.

Ich folgte Johann in einen der Läden, und er bestellte mir einen Tatanka. Darin sollten sich Zimt, Sahne, Apfelsaft, Wodka und ein geheimer Sirup vereinen. Ich trank das Glas aus. Bei Gott, was hatten die Polen nur für Alkoholika auf der Speisekarte? Ganz anders als bei ihren simplen Bauerngerichten bewiesen sie beim Saufen eine Eleganz, die ich selbst in Italien nicht gefunden hatte. Ich fragte mich ernsthaft, warum Europa den englischen Gin feierte. Dann bekam ich allerdings selbst ein wenig Lust darauf.

Ich ging zur Theke. Der Barmann begrüßte mich nicht, er nickte nur als Zeichen, dass ich bestellen sollte. Aber diese Masche kannte ich schon. Der Pole ist verhalten. Wenn er dich in dein Herz geschlossen hat, kannst du bei ihm frühstücken.

»Dschin dobrie«, sagte ich, was hier so viel heißen musste wie »einen doppelten Gin, bitte«. »Ich bin übrigens Schlesierin«, fügte ich hinzu.

»Schlesier vertragen nix«, sagte der Mann.

Er stellte eine Flasche Kirschwodka auf die Theke und ein Glas Wasser dazu. »Trink mal besser das hier.«

Ich spürte eine Hand auf meiner Schulter. »Nicht nur, dass ihr Schlesier Wasserpolnisch sprecht, ihr trinkt das auch noch?« Ihr Lachen klingelte in meinem Ohr nach. Langsam wurde ich paranoid. Es war eine der Polinnen, die uns zum Nowy-Platz geführt hatten.

Ich überreichte ihr einen Kirschwodka und wir tranken.

»Dafür, dass deine Großeltern meine Großeltern umgebracht haben, scheinst du ganz nett zu sein«, sagte die Polin jetzt.

Der Barmann hatte in diesem Moment die Musik aufgedreht.

»Wo sind denn deine Großeltern gestorben? In Deutschland?«, rief ich ihr ins Ohr.

»Nicht weit von hier, eine Stunde entfernt«, rief sie zurück. »Auschwitz heißt das Dorf.«

Und da wurde es mir klar. Seit ich das Anne-Frank-Haus

in Amsterdam besucht und es nicht mal bis zur zweiten Etage geschafft hatte, hatte ich noch eine Rechnung mit dem Thema offen.

Ich bedankte mich für ihren Rat und verabschiedete mich bei Johann. Die Flasche Kirschwodka legte ich in seine Obhut als Geschenk. Ich gab beiden nacheinander einen langen, feuchten Kuss. »Ihr seid jetzt meine Familie«, sagte ich. »Und das ist nicht so ein toller Job, wie ihr vielleicht denkt.«

Draußen geriet ich in einen rauen Herbstwind, der mich bis zum Hostel verfolgte.

Am nächsten Morgen ging ich zur Rezeption und erkundigte mich, ob und wann eine Fahrt nach Auschwitz stattfinden würde. Man verwies mich auf ein riesiges Plakat hinter der Rezeption, das ich in der Nacht zuvor nicht registriert hatte. Hier wurde eine Tagestour nach Auschwitz beworben wie ein Ausflug zum nächsten Badesee. Da standen Abfahrtzeiten, Preise und verschiedene Sprachangebote.

Ich buchte eine Tour für den Mittag. Dann legte ich mich wieder ins Bett. Aber es war mir unmöglich, noch einmal einzuschlafen. Zehn Jahre Holocaust in der Schule und ich hatte so viele Fragen. Was hatte die Polin mir gestern Nacht damit sagen wollen, dass sie mir nicht böse sei wegen der Ermordung ihrer Großeltern? Und wieso war ich mit meiner Klasse nie in ein Konzentrationslager gefahren, wo eines doch keine zehn Stunden von meiner Heimatstadt entfernt lag?

Ich sprang auf, zog mir eine Jacke über, der heutige Tag war windiger als der vorherige. Die Sonne schien über das Kopfsteinpflaster, und ich zog mir die Jacke tief ins Gesicht.

# Auschwitz

Die Stimmung im Bus, in der ich mit vier Deutschen und einem Schweizer Ehepaar saß, war fröhlich wie auf einem Klassenausflug, nur dass wir auf dem Weg in das größte Massenvernichtungslager der Nazigeschichte waren.

Anfangs erzählten wir uns gegenseitig unsere Eindrücke von der Stadt Krakau, aber nach einer Weile stellten sich unsere Gespräche ein. Die Fahrt übers Land glich einem irren Trip durch neblige Felder und an verlassenen Häuserzeilen vorbei, die auf ein bitteres Ende hinwiesen. Mit jedem Meter kamen wir dem Verderben näher.

Unser Busfahrer, der zwar Deutsch konnte, aber mit einem stark zersetzten Akzent, erklärte uns, dass Auschwitz früher Oswiecim geheißen hatte, aber von den Deutschen umbenannt worden war. Im Zuge der deutschen Besatzung hatte es einen »Volkstumskampf« Hitlers in Polen gegeben. 5,6 Millionen Menschen waren dabei umgekommen. Hitler hatte in Polen Schulen und Universitäten schließen lassen, weil er sich von den Intellektuellen bedroht fühlte. Am meisten fürchtete er sich aber vor den jüdischen Bolschewisten, die in seinen Augen den Untergang des deutschen Volkes vorbereiteten. Ein perfider Komplott, der nicht zuletzt den Überfall auf unsere Nachbarn rechtfertigen sollte.

Es war still im Bus, alleine den Schweizern ging noch ein Lächeln über die Lippen, als sie die hohen Birken sahen, die sich in diesem Abschnitt des Landes mehrten. Der Bus hielt auf einem Parkplatz. Kurz vor den Baracken des Hauptlagers gab es einen Kiosk und ein Toilettenhaus. Mehrere Reisebusse aus verschiedensten Ländern parkten hier.

Unser Busfahrer verwies uns an eine ältere Dame, die uns die nächsten zwei Stunden durch das Lager führen würde.

Erst würde es durch das Hauptlager in Auschwitz gehen und dann in die Baracken in Monowitz, ein paar Kilometer entfernt. Olga, unsere Ansprechpartnerin, schien Mitte fünfzig zu sein. Sie trug eine Wollmütze ob der Kälte und einen schwarzen Regenschirm in der Hand, damit wir sie nicht verlieren konnten. Sie bat uns alle, einen Kopfhörer und einen kleinen Apparat umzuhängen, damit wir frei im Lager umherlaufen, aber trotzdem ihren Erzählungen folgen würden. Ihre Stimme war tief und rührte aus einem stämmigen Körper. Olga sprach sehr sachlich, ein polnischer Akzent schimmerte durch das harte Deutsch, das sie perfekt beherrschte. Auf unsere Fragen antwortete sie klar und deutlich.

Ich lief auf das Stahltor zu, auf dem in großen Lettern »Arbeit macht frei« stand. Ich mäßigte meinen Gang, hängte mich am Ende der Gruppe an. Ich versteckte mein Gesicht zur Hälfte in meiner Jacke und versuchte meinen Atem zu kontrollieren. Der erste Teil, den wir nun besuchen würden, war in Blocks aufgeteilt. In einem der Häuser war ein Bild zu sehen, auf dem mehrere Pfeile aus verschiedenen Städten in eine einzige Richtung zeigten: Auschwitz Birkenau.

Olga bestimmte aus allen Nationalitäten die Zahl der Todesopfer, die wegen ihrer ethnischen Zufälligkeit hier gelandet waren. Niemand fragte nach, niemand aus unserer Gruppe sprach mehr ein Wort. Wir vergruben uns hinter den Kopfhörern und schlichen durch die stillen Räume.

»Hab und Gut wurde den Ankommenden abgenommen und in den riesigen Keller gebracht. Dort wurde dann alles sortiert. Die Nazis nannten diesen Keller Kanada, weil der nordamerikanische Staat in ihren Augen für Reichtum stand«, erklärte Olga.

Hinter einer Glasscheibe war ein Haufen Drahtbrillen ausgestellt. Es mussten Tausende sein.

»Gehen wir in den Raum, in dem wir die Dosen mit Zyklon B sehen werden. So hieß das Mittel, das von oben in die Gaskammern eingefüllt wurde, um die Juden systematisch zu vernichten«, kündigte Olga den nächsten Raum an.

Ich begutachtete eine der Zyklon-Dosen unter der Glasvitrine und schaute gleichwohl eine Sekunde später aus dem Fenster auf den Hof, in dem die Birken mit dem Wind gingen. Dieser Ausblick war gestört von den Stacheldrahtzäunen, die jeglichen Blick auf die Natur herzlos durchriss.

»Wir gehen jetzt in den Raum, in dem die Haare der Gefangenen gesammelt wurden. Bitte machen Sie hier aus Respekt keine Fotos.«

In diesem Moment war mir klar, dass ich nicht einen Ton mehr würde rausbringen können. Mich überkam ein heftiger Schauer, als ich die Schwelle des Raumes übertreten hatte. Olga sprach nicht, wir waren in einer Reihe hintereinander hergegangen. Die Haare lagen hinter einer großen Glasvitrine, der Raum war dunkelviolett ausgeleuchtet.

Ich weiß nicht, warum ich gerade jetzt anfing zu weinen, so bitterlich zu weinen, dass ich kaum mehr einen Schritt vor den anderen setzen konnte. Ich hatte doch schon viel früher das Ausmaß der Vernichtung begriffen, in der Schule hatte ich die Zahlen gehört, hatte Dokus rauf und runter geschaut. Aber hier, in dem Raum, in dem die Haare so vieler Menschen auf einem Haufen lagen, war mir klar geworden, dass ich – die nichts mit den Naziverbrechen zu tun hatte – mich niemals mit unserer Vergangenheit würde aussöhnen können. Ich wusste nun, wovon die Polin gestern Nacht gesprochen hatte.

Ich war verantwortlich, dass dies nie wieder passierte.

Auf dem Weg nach Monowitz, das ein paar Kilometer entfernt lag, ging gerade die Sonne unter. Sie schien für einen
letzten Atemzug hinter dem großen Wachturm hervor,
zeichnete Löcher in die Wolken. Eine der Schweizerinnen,
sie musste so alt sein wie meine Mutter, sprach mich auf
dem Weg zum Eingang an.

»Warum müssen die Deutschen so lange auf dem Thema
herumreiten?«, fragte sie. »Ist es denn nicht mal gut?«

Ich blieb stehen. »Warum sollte es gerade jetzt gut sein?
Weil es Ihnen passt?«

Ich suchte den Regenschirm von Olga, um ihr auf die
Rampe zu folgen. An dieser hatten die Nazis nach Alter,
Geschlecht, Religion und Willkür ausselektiert: Hier war
entschieden worden, wer direkt in die Gaskammer musste.
Ich ging weiter mit der Gruppe vor, bis zu dem Monument,
das an die anderthalb Millionen Juden erinnerte, die in
Auschwitz ermordet worden waren.

Ich erlaubte mir, Olga eine Frage zu stellen. Wir waren an
den Baracken angekommen, wir gingen unter freiem Himmel, die Stimmung hatte sich gewandelt wie die Wetterlage:
Es war windig, kühler Wind zog durch meinen Schal, und
die Sonne war verschwunden. Aber ich konnte hier draußen frei atmen.

»Wie viele Deutsche kommen im Durchschnitt jedes Jahr
nach Auschwitz?« Ich sprach leise, musste mich erst wieder
an meine Stimme gewöhnen.

»Seit der Wende waren es 90 000.« Olga sprach ebenso
kühl wie zuvor.

Ich schwieg wieder, lief hinter ihr her. Nicht einmal
90 000 in dreißig Jahren. So wenige Deutsche hatten sich
mit dem Thema auseinandergesetzt – und auch mich hatte
es erst jetzt hergezogen. Ich verdammte meine Nation im

Inneren, dachte daran, was Ana uns vorgeworfen hatte in jener Nacht in Bukarest: Wir Deutschen waren wirklich die Ignorantesten der Europäer.

Auf der Rückfahrt schaute ich nur aus dem Fenster. Ich sprach mit niemandem mehr. Aber ich wusste auch, dass ich mich dem Thema gestellt hatte. Ich hatte die Opfer betrauert. Ich hatte gesehen, dass alles genauso passiert war. Die jüdische Geschichte Europas war an diesem Ort neu geschrieben worden. Ich war Zeugin und würde immer eine sein.

# 12

## Durch die Ukraine in einen Staat, der nicht existiert: Transnistrien

Gegen sechs, es war gerade dunkel geworden, war ich an der Grenze zur Ukraine angekommen. Um mein Auto schlichen Straßenhunde und bettelten um Essen. Ich kurbelte das Fenster herunter und ließ ein paar Brotkrümel in ihre schlierigen Münder fallen. Von Weitem pfiff ein Soldat mich forsch heran.

Ich zeigte meinen Reisepass, ein normaler Personalausweis reichte in der Ukraine nicht aus. Ich war kurz davor, die Europäische Union zu verlassen und in einen wilderen Teil des Kontinents einzureisen.

Eine Frau, die in einer kleinen Box saß und immer wieder das verspiegelte Fenster öffnete, sagte mir, dass ich für meinen Wagen eine Mautgebühr bezahlen musste. Es dauerte, bis sie alle Daten aus meinem Fahrzeugschein übertragen hatte. Ihr Englisch war begrenzt, sie versuchte es mit deutschen Brocken und erledigte den Rest auf Russisch. Mir war schon in Polen aufgefallen, dass die ehemaligen Sowjetstaaten eine besondere Affinität für die deutsche Sprache aufwiesen, wobei ich mir nichts Härteres vorstellen kann, als Deutsch lernen zu müssen. Außer in der Sowjetunion zu leben vielleicht.

Soldaten in Springerstiefeln führten mich durch das weitere Prozedere. Sie kommunizierten mit Schlagwörtern, ein kurzer Willkommensgruß lag ihnen fern. In der Hand hielten sie eine Kalaschnikow. Aber wer außer mir reiste schon als Tourist in dieses Land in der Krise? Wer außer mir war hier noch Deutsche? Ich sah kein einziges verdächtiges Kennzeichen.

Vor der Abreise hatte ich mich auf der Internetseite des Auswärtigen Amtes für die Ukraine registriert. Auch wenn ich mir sicher war, dass ich im südwestlichen Teil des Landes keinerlei Repressalien zu befürchten hatte. Der Konflikt, so hatte man mir erklärt, spielte sich weiter oben im Land ab – und das Land war groß. Hätte ich auf der Seite des Auswärtigen Amtes allerdings ein wenig weiter unten gelesen, hätte ich von den zahlreichen Gefahren gewusst, die die Straßen für Autofahrer bereithielten. Es war von der Gefahr nächtlicher Überlandfahrten die Rede, von einem deutlich erhöhten Unfallrisiko und von Straßen, die mitten auf der Strecke endeten. Nun verstand ich, warum so viele Länder aus dem Osten in die Union eingetreten waren. Sie hatten sich unangenehmen Reformen beugen und mit Ländern arrangieren müssen, die anders tickten als sie selbst. Andererseits winkte ihnen dafür eine Menge Geld für Teer.

Ich war an den Hunden, Kalaschnikows und Soldaten vorbeigekommen. Jetzt erwartete ich in der Ferne leuchtende Städte voller Goldkuppeln und Hochhäusern. Herrschaftliche Regierungsgebäude und lauschige Parks. Aber ich fuhr weiter neben Wäldern und dunklen Gräben her. Außer meinen Vorderlichtern gab es keine Straßenbeleuchtung und auch keine Schilder, die auf die fetten Schlaglöcher hinwiesen. Ich fuhr mit dreißig Stundenkilometern. Ich zitterte, nicht weil mir kalt war, sondern weil ich Angst hatte, dass mein Leben in der ukrainischen Pampa enden würde. Wäre meine Karre hier zusammengebrochen, wäre es das Ende meines kurzen, versoffenen Lebens gewesen. Endlich sah ich einen hellen, orange leuchtenden Fleck. Hier müsste sich eine größere Stadt befinden. Ich hätte ohnehin keine Chance gehabt, weiterzufahren: Die Straße endete abrupt.

Ich fuhr in letzter Sekunde nach links ab. Ich fluchte und haute aufs Lenkrad. Die Straßen führten über mehrere Anhöhen in das Zentrum. Mehr Sorgen machte mir aber das Kopfsteinpflaster. Ich fuhr so langsam, wie ich konnte, aber in einer Sekunde hatte ich übersehen, dass das Pflaster endete. Ich blieb mit dem Vorderreifen stecken.

»Excuse me!«, rief ich aus dem Fenster auf die Straße, in der Hoffnung, dass mich jemand hören würde. Aber die Fahrer der maroden Schrottkarren neben mir mussten sich ebenso zurechtfinden.

Ich schaute mir die Ecke, in der ich stecken geblieben war, genauer an. Diese Stadt erinnerte mich an einen verlassenen, südeuropäischen Staat, der in den Beitrittsverhandlungen zur Union vergessen worden war. Es gab zwar Palmen und einen kleinen Marktplatz, der mit weißen Steinen ausgelegt war. Aber von einem sauberen Stadtbild konnte nicht die Rede sein.

Ein Taxifahrer im braunen Pelzmantel und mit einer fast aufgerauchten Kippe im Mund kam auf mich zugelaufen. Seine Fahrgäste ließ er auf der Rückbank sitzen. »Spasiba, Spasiba«, sagte ich und fühlte mich wie die hochschwangere Jungfrau Maria, die einen Stall gefunden hatte, in dem sie schlafen durfte.

Der Taxifahrer machte mit seinem Finger einige Kreisbewegungen, um mir zu bedeuten, dass ich das Rad durchdrehen lassen sollte. Dann schob er an der vorderen Seite an. Ich merkte es erst kaum, aber plötzlich fuhr ich wieder auf der Straße. Ich hupte zum Dank. Der Mann hatte mich befreit.

»Wo zur Hölle sind wir hier?« Ich zeigte auf das Straßenschild vor uns, das ich unmöglich entziffern konnte.

»Ternopil«, schrie er mich an. Dann stieg er in sein Taxi und verschwand mit quietschenden Reifen.

Ich googelte an einer Ampel, deren Farbenspiel ich als einzige Fahrerin in der Stadt befolgte, ob es ein Hotel in der Nähe gab. Das Internet funktionierte nicht, und ich fand stattdessen hinter einer Brücke ein Hotel mit vier Sternen und mehr als zehn Stockwerken. Schon der edel verzierte Holztüreingang mit Goldrahmen verriet mir, in was für einem Proll-Bunker ich gelandet war. Ich fragte die Ukrainerin an der Rezeption, ob sie ein Zimmer für mich hatte. Sie zeigte auf ein Schild vor sich, auf dem die Preise angegeben waren. Mit meinem Handy rechnete ich um: Für ein Doppelzimmer sollte ich fünfundzwanzig Euro bezahlen.

Ich nahm die Schlüssel und stieg in den gläsernen Aufzug, der mich in den vierten Stock brachte. Nach einem halben Tag in der Ukraine gehörte ich bereits zur Elite, weil ich mir ein Zimmer in dem wohl teuersten Hotel der Stadt leisten konnte.

Ich legte meinen Rucksack auf dem Bett ab und schrieb meiner Mutter, dass ich ihre Karre in Osteuropa verenden lassen würde und sie nichts mehr dagegen tun konnte.

Dann nahm ich den Aufzug zurück nach unten und fragte an der Rezeption nach der nächsten Bar. Die Ukrainerin hielt mir eine Tür aus Milchglas auf, direkt neben der Rezeption. Sie lächelte und schubste mich vor.

Ich stand neben einer riesigen Musikbox. Der DJ, dessen

Frisur und Outfit mich an die Achtzigerjahre in einem abtrünnigen sowjetischen Staat erinnerten, murmelte etwas ins Mikrofon. An den langen Tischen saßen verschiedene Partygesellschaften. Einige Kellner in schwarzen Smokings brachten durchgehend Silberplatten mit Fleischhappen, Fisch und Brot. Neben den Tellern standen die halb leeren Wodkaflaschen. Auf der Tanzfläche, die den größten Bereich in diesem Hotelrestaurant stellte, hatte sich eine Gruppe junger Damen zusammengefunden, die in Minikleidern tanzten. Die Männer, einige davon in Pelzmänteln trotz der Hitze in diesem Raum, klatschten oder schoben sich Zahnstocher zwischen die Zähne.

»Heppa«, riefen sie ständig, und ich dachte, ich sei in einem ukrainischen Porno gelandet. Anders als die Bilder des Ukraine-Konflikts, der seit Jahren in diesem Land andauerte, erfuhr ich mehr über die Kultur dieser Nation. Wobei das eine nicht besser schien als das andere.

Ich ignorierte die Wodkaflaschen, die von Haus aus eine Faszination auf mich ausübten. Heute Abend musste ich mich zügeln. Mein Ziel war die Republik Moldau beziehungsweise das abtrünnige Transnistrien, das sich innerhalb des Landes für unabhängig erklärt hatte: Ich wollte am nächsten Tag wieder auf der Straße sein.

Ich suchte mir einen kleinen Tisch am Rande des Festes. Ich bestellte ein großes Bier und Zigaretten für umgerechnet drei Euro. Das musste nach dieser Horrorfahrt als Abendessen reichen, der Hunger war mir vergangen. Da ich zwei Euro Trinkgeld gab, stellte mir der Kellner einen Wodka dazu, den ich aus Höflichkeit trank. Meine Prinzipien halten nur so lange, wie ich dafür bezahlen muss.

Ich zog meine Lippen auseinander, mein Hals kräuselte sich, ich verlor für einen Moment die Lust am Atmen. Dieser Wodka war intensiver im Geschmack als der Haselnuss-schnaps, den ich in Polen getrunken hatte. Je weiter ich in den Osten fuhr, desto härter die alkoholischen Getränke.

Ich blätterte durch meinen Reiseführer über die Republik Moldau und fand einen kleinen Teil über Transnistrien, in dem der Zustand des Separatistenstaates erklärt wurde. In Transnistrien leben fast eine halbe Million Menschen. Die Hauptstadt ist Tiraspol. Größtes erklärtes Ziel des Staates ist es, an Russland angeschlossen zu werden, obwohl Transnistrien offiziell zur Republik Moldau gehört.

Ich machte mir Notizen. Es würde nicht einfach sein, mit einem Auto in den Nichtstaat einzureisen. Ein Blick in die Internetforen verriet mir, dass man mit allerlei Schikanen an der Grenze zu rechnen hatte. Mit horrenden Rechnungen, die keinen Sinn ergaben, mit betrunkenen Grenzsoldaten, die ihre Waffe nicht im Griff hatten, und Polizeikontrollen, die kein Ende fanden, bis man nicht einige Dinge unterschrieben hatte, die ein Menschenleben ruinieren konnten.

Es gab keinen Weg, mich in Transnistrien offiziell anzumelden, eine deutsche Botschaft existierte nicht. Im Klartext: Wenn mir innerhalb seiner Grenzen etwas passierte, war ich gefickt.

Der Kellner brachte mir einen weiteren Wodka und zeigte auf einen jungen Mann, der mir diesen ausgeben wollte. Ich bedankte mich, indem ich dem Mann zuprostete. Er tat es mir gleich. Ich stand auf und arbeitete mich nach und nach zu den tanzenden Frauen vor. Ich passte nicht in das Bild dieses glamourösen Abends. Ich trug eine schwarze Leggings und ein ausgeleiertes, graues Shirt. Meine Haare hatte ich einige Tage lang nicht gewaschen. Aber nach den Schnäpsen fühlte ich mich wieder frisch und munter.

»Dawai, dawai«, riefen mir zwei der Frauen zu, als ich auf sie zukam. Sie alle trugen das gleiche rote Kleid mit leichten Schnittvariationen. Dann sprachen sie mit mir auf Ukrainisch oder Russisch, ich verstand den Unterschied kaum, aber für mich hatten sie alle ausnahmslos recht.

Jetzt stand der junge Ukrainer neben mir, der mir zuvor den Wodka ausgegeben hatte. Je näher er kam, desto mehr wirkte er auf mich, als habe er eine langjährige Heroinsucht überstanden. Er zeigte mir einen Satz auf seinem Handy, er hatte eine Übersetzungs-App geöffnet.

Du seist Deutsch, stand darauf.

»Da«, sagte ich.

Jetzt nahm er mich an die Hand. Wir gingen zu seinem Tisch. An dessen Ende saß ein fülliger Ukrainer Mitte fünfzig in einem viel zu großen Pelzmantel. Er schien der Chef dieser Organisation zu sein. An dem Tisch saßen Männer und Frauen verschiedenen Alters. Es fiel mir schwer, dieses an ihrer Garderobe zu messen. Sie trugen die gleichen engen Kleider, die gleichen Pelzmäntel, ausgeleierten Jeanshosen und offenen Hemden.

Mein Wodkasponsor besprach sich mit den Anwesenden, die mir nacheinander zunickten. Ich winkte in die Runde. Da ich seit Polen an die Reserviertheit der Osteuropäer gewohnt war, konnte das nur der Anfang einer lang anhaltenden Freundschaft sein. Ich fragte, ob sie alle einer Familie angehörten.

Mein neuer Freund übersetzte in der App, dass sie alle zusammen auf einem Bauernhof arbeiteten. Dies sei ihre Jahresfeier.

Offenbar hat sich in diesem Berufsfeld in den letzten hundert Jahren einiges geändert, dachte ich, als ich sah, wie der Chef seinen schweren Goldring abnahm, in ein

Schnapsglas fallen ließ und diesen mit einem Wodka runterschluckte.

»Nutschiek«, sagte er dann. Er hatte offenbar ein Machtwort gesprochen. Die anderen standen auf und zogen mich mit auf die Tanzfläche. Es war für alle an der Zeit, steil zu gehen. Zwischen uns ging eine Wodkaflasche umher. Abwechselnd klatschten alle in die Hände und riefen einen Schlachtruf. Nun war ich an der Reihe. Da ich kein Russisch sprach, musste ich auf meine Muttersprache zurückgreifen.

»Sau–fen, sau–fen, sau–fen«, rief ich immer wieder. Ich machte daraus einen Refrain, den selbst der Letzte unter uns Europäern würde aussprechen können. Bald hatte der ganze Saal davon erfahren, und während wir die Silberplatten auf unseren Köpfen balancierten und unsere Münder mit Wodka vollschütteten, hörte ich aus jeder Ecke diesen eindringlichen »Sau–fen«-Ausspruch.

Ich hatte die deutsche Trinkkultur in die Ukraine gebracht. Angela würde stolz auf mich sein: Einem Unionsbeitritt der Ukraine stand nichts mehr im Wege.

Es gab nun allerdings einen kleinen Tumult, denn der DJ wagte es, zu später Stunde seine Sachen zu packen. Eine der Frauen im roten Kleid drückte ihm zwei Scheine in die Hand. Aber der DJ lehnte immer wieder ab, bis er nach dem achten Mal unter lautem Geschimpfe doch annahm und einen weiteren Song spielte. Nach jedem Lied ging eine andere der Frauen auf den DJ zu, offenbar handelte die Weiblichkeit in diesem Land das Finanzielle ab. Jedes Mal zückten sie einen Schein, fragten mehrere Male nach, ob der gute Mann denn nicht doch länger spielen wolle – und bei Gott, dann spielte er. Wir alle schrien »Heppa, Heppa!« und tanzten und ließen die Wodkaflasche umhergehen, bis die Morgensonne durch ihre leeren Glasrümpfe hindurch

auf die Schnapsleichen schien, die auf dem Tisch eingeschlafen waren.

»Yuri«, stellte sich mir nun der Oberboss im übergroßen
Pelzmantel vor. Er schrieb seine Nummer auf einen Zettel
und bedeutete mir, dass ich auf seinem Hof immer will-
kommen war.

Zum Schluss schüttelte er mir fest die Hand. Ich hatte
heute einen Horrortrip auf ukrainischen Straßen überstanden und war mit einem Abend unter ukrainischen
Freunden belohnt worden. Oh, du gottverlassenes, du wun-
derbares Ternopil.

## Chişinău

Die Straßen wurden besser in der Republik Moldau. Eine
Autobahn fehlte allerdings, und ich musste mich an die
örtlichen Geschwindigkeitsbegrenzungen von achtzig Stundenkilometern halten. Ich reihte mich kurz vorm Stadtzentrum in eine Schlange von Taxifahrern ein. Ich hupte und
drückte mich an den Schlaglöchern vorbei. Es war erstaunlich, wie viel Verkehr in diesem ärmsten der europäischen
Länder herrschte.

Ich entdeckte eine Tankstelle und dachte, dass es günstiger sein würde, in Chişinău zu tanken als in einem Staat,
der nicht existierte. Dass dieser nicht existente Staat wiederum vom Ölriesen Russland subventioniert wurde, hatte ich
nicht bedacht.

Ich sprach mit dem Tankwart. Nervös stand er neben der
Tanksäule und zog an einer Zigarette.

»Wie komme ich nach Tiraspol?«, fragte ich ihn und zeigte
in eine Richtung, von der ich glaubte, dass sie stimmte.

Er spuckte auf den Boden, dann schaute er meinen Wagen an. »Fahr mit dem Zug. Dann musst du an der Grenze keine Fragen beantworten.«

»Ich will aber mein Auto mitnehmen«, sagte ich.

Träumerisch schaute er auf die Karre. Im Osten schien eine Sehnsucht gegenüber deutschen Autos zu herrschen, eine Sehnsucht, die ich nicht im Geringsten teilte. Ich wollte einfach nur lebend so weit kommen, wie es ging.

»Hast du auch Probleme, in Transnistrien einzureisen?«, fragte ich ihn, als er sich eine neue Zigarette anzündete, während er meinen Wagen mit Benzin befüllte. Ich duckte mich. Aber nichts ging in die Luft.

»Ich bin Moldauer. Mein Pass ist hier Gold wert. Bei euch Deutschen ...?« Er schien eine Sekunde nachzudenken. »Lass dich einfach nur nicht einbuchten, da kommst du nie wieder raus.«

Ich bedankte mich und sah zu, dass ich weiterkam.

»Was soll das denn heißen?« Ich stand in einem Container, in dem mehrere Frauen harsch auf mich einredeten. Ich zeigte auf das Dokument, das mir der Grenzbeamte vorgelegt hatte. Die Frauen antworteten mir ebenso wütend auf Englisch wie in ihrer Landessprache. Sprach man in der Republik Moldau, dem Mutterland dieses Landstriches hier, Rumänisch, war man in Transnistrien dazu übergegangen, in der Sprache Putins zu kommunizieren.

Es gab in diesem Land keine Möglichkeit, mich diplomatisch vertreten zu lassen, dessen war ich mir bewusst. Aber wenn ich mir noch eine Sekunde länger diesen Scheiß geben musste, würde ich mich eben einbuchten lassen. Nichts geht über den Stolz einer Neapolitanerin, die schlesische Vorfahren hat.

Eine der Frauen füllte jetzt meinen Antrag aus. Sie hatte offenbar keine Lust darauf zu warten, bis ich die russischen Sätze mit meiner App übersetzt hatte.

Ich überreichte ihr meinen Reisepass.

Sie fragte mich, wo ich heute Nacht schlafen würde, und ich gab ihr die Adresse meines Hostels.

Die Frau nickte. Sie schien es zu kennen, kein Wunder, es war das Einzige, das ich in diesem Land hatte ausfindig machen können. Ich hatte mehrmals mit dem Besitzer hin- und hergeschrieben. Jetzt war mir klar, warum Dimitri mir seine Handynummer hinterlassen hatte.

Sie nahm das Telefon auf.

»Excuse me?«, fragte ich. Aber ich wurde nicht mehr beachtet.

Sie ging mit Dimitri am Telefon meine Personalien durch. Beide lachten zwischendurch abwechselnd, das hörte ich bis hierher, dann legte die Frau auf. Ich bekam einen Stempel und durfte einreisen.


Direkt hinter der Grenze kam ich in eine Polizeikontrolle. Wahrscheinlich wartete nur eine reine, wenn auch wichtige Routinemaßnahme auf mich, in einem Staat, der seine Untertanen durch Angst aufzog.

Drei übergewichtige Transnistrier in dunkelblauen Uniformen und mit Pelzmützen kamen zu meinem Fenster vor. Ich reichte ihnen meine Papiere. An ihren Gürteln hingen Schlagstöcke und Handwaffen. Sie sprachen schlechtes Englisch, nur einzelne Wörter, aber mir war klar, dass ich zahlen musste.

»Please, in our car«, sagte der Dienstälteste.

Ich folgte und setzte mich auf den Beifahrersitz neben den Oberbuffi, der kaum in Eile schien, seinen Katalog auszupacken. Er zeigte auf ein Verkehrsschild, das ich noch nie gesehen hatte. Er sprach von fünfhundert transnistrischen Rubeln, die ich für diesen schweren Verstoß – der wohl in keinem Land der Welt existierte – zahlen sollte. Er war scharf auf meine Euros, die ich seit Polen nicht mehr in der Hand gehalten hatte. Ich zeigte auf mein Portemonnaie, in dem ich nur ein paar moldauische Lei vom Tanken mit mir herumtrug. Mürrisch nahm er diese an.

»You know Eintracht?«, fragte der Oberbuffi jetzt.

Ich nannte ihm zwei Spielernamen, die ich in Frankfurt aufgeschnappt hatte.

»Lothar Matthäus, you know him, too?«, fragte er weiter.

Ich hatte gehofft, diesen Namen nicht mehr hören zu müssen. Ausgerechnet in Transnistrien wollten sie ihn mir unterjubeln.

Für Ausländer schien es sowieso nur zwei Themen zu geben, die sie mit einer Deutschen besprechen wollten: Fußball und Hitler. Ihnen ist kaum bewusst, wie gut sie die Geschichte unseres Landes zusammenfassen.

»Ich fahre dann mal wieder«, sagte ich, da die Polizisten keine Anstalten machten, mich zu meinem Auto zu schicken.

»Spasiba«, sagte ich noch, wobei ich keine Ahnung hatte, wofür ich mich hätte bedanken sollen.

Dimitri begrüßte mich auf den Treppen eines ranzigen Gebäudes mit grünen Panzertüren. Er führte mich die Stufen hoch in die Wohnung, in der er sein Hostel betrieb. Die Wände im Treppenhaus waren weder tapeziert noch gestrichen. Ich schürfte meinen Arm an der harten Betonwand entlang, während ich versuchte, meinen Rucksack auf dem Rücken auszubalancieren.

Dimitri lächelte, während er mich unter der Anweisung, keinen Alkohol in seinen vier Wänden zu trinken, in die Zweizimmerwohnung geleitete. Es gab einen kleinen Flur, in dem ich meine Jacke und die Schuhe ablegte.

Er breitete eine Karte vor mir aus. »Es gibt nur eine Hauptstraße«, erklärte er. »Die Straße des 25. September. Da findest du viele Bars, falls du doch einmal trinken willst.«

»Einmal?« Ich schaute ihn entsetzt an. Dann fragte ich ihn, warum die Straße nach dem 25. September benannt worden war.

»An dem Tag hat Transnistrien seine Unabhängigkeit ausgerufen.«

Dimitri musste so alt sein wie ich, er sprach ein akzeptables Englisch, und seine braunen, warmen Augen rührten von einer Weltoffenheit, die ich in diesem Staat nicht erwartet hätte.

Ich fragte ihn, ob er eine längere Zeit im Ausland gewesen sei. Er antwortete, dass er ein halbes Jahr in Oxford studiert habe.

»Wieso bist du nicht geblieben?«, fragte ich.

Er zeigte mir die Küche. Hier hing auch die transnistrische Fahne über dem Herd. Sie war komplett rot mit einem grünen Strich durchbrochen, und an der oberen Ecke waren eine Sichel, ein Hammer und ein Stern.

»Seitdem der Präsident das Land für Touristen geöffnet hat, profitiere ich davon. Ich bin in Transnistrien geboren, das heißt, die Behörden vertrauen mir. Warum sollte ich das aufgeben?«

Ich schaute aus dem Fenster auf die Straße. Ich hörte keinen Motorenlärm, sah nur Fußgänger, die sich immer wieder umdrehten, als wären sie in einer lethargischen Ostvergangenheit gefangen.

»Aber ist es nicht seltsam, in einem Staat zu leben, der weltweit nicht anerkannt wird?«

Dimitri nickte. »Es ist alleine schon seltsam, dass Transnistrien sich Russland anschließen will, wobei, geografisch gesehen, die Ukraine dazwischen liegt.« Er klatschte sich auf die Oberschenkel. »So, jetzt genug davon. Morgen früh hole ich dich ab. Wir müssen deinen Aufenthalt im migration office verlängern. Die meisten Touristen bleiben nur eine Nacht.«

Ich machte mich auf die Suche nach der Straße des 25. September. Immer wieder kamen mir auf dem Weg Soldaten entgegen, und jedes Mal, wenn ich so eine Gruppierung sah, spürte ich den Impuls, mich auf den Boden zu schmeißen und die Hände hinter den Kopf zu legen. Auch wenn die Soldaten freundlich lächelten und alle paar Meter von Passanten angesprochen wurden, umgab sie eine Aura der unerschütterlichen Staatsgewalt. Fotos von öffentlichen Gebäuden und Militäreinrichtungen durfte ich laut Reiseführer erst gar nicht machen.

Ich kam an Cafés vorbei, an Bars und Restaurants, die sich kaum von denen in Westeuropa unterschieden. Auch hier immer wieder skandinavisches Design. Wirklich bewusst wurde mir das erst, als ich auf der Barmeile einkehrte: Diese lag am Ende der Straße des wichtigsten transnistrischen Feiertages.

Eine Karaoke-Bar reihte sich an die nächste. Woher diese Obsession mit dem japanischen Volkssport kam, erschloss sich mir nicht. Auf einem Podest vor mir stand ein riesiger Panzer. Darunter führten einige Treppen in einen Club. Auch hier wurde gerade eine Karaoke-Maschine angeschlossen, und ich setzte mich zum ersten Mal an diesem Abend an die Theke.

»Nicht viel los in Tiraspol heute Abend, oder?«, fragte ich den Barkeeper, der gerade eine Lieferung Chivas ins Regal stellte. Ich sah Markennamen wie Havanna Club, Bacardi und Malibu – keine antikapitalistischen Schnäpse, sondern aus dem Westen georderte Köstlichkeiten, für die in diesem missachteten Staat offenbar ein Markt eröffnet worden war.

»Das kommt noch.« Er legte seine Arme offen auf dem Tresen ab. »Was willst du trinken?«

»Keine Ahnung, sag du es mir.«

Aus einem Kühlschrank unter seiner Hüfte holte er eine braune Flasche hervor. »Kennst du Kvint?« Er goss mir bereits ein. »Den gibt es überall auf der Welt. Aber er kommt aus Transnistrien.«

Ich nahm einen Schluck. Der Nachgeschmack dieses bitteren Brandys breitete sich auf meiner Zunge aus.

»Das ist unser Landesschnaps. Du kannst die Fabrik besuchen, nicht weit vom Stadtzentrum«, sagte der Barmann.

Ich bat ihm, mir die Adresse zu nennen, und er überreichte mir die Nummer eines Freundes, der Stadttouren durch Tiraspol anbot. Ich schrieb eine SMS an den Freund, um mein Interesse anzumelden. Prompt erhielt ich eine Antwort, dass ich am nächsten Morgen um elf Uhr vor der Fabrik auf ihn warten solle.

Auf der Tanzfläche stand eine Transnistrierin mit weißen Pumps und einer Strumpfhose voller Laufmaschen. Sie sang einen russischen Schlager und hielt dabei den Finger ins Ohr, um den richtigen Ton treffen zu können.

Eine etwas fülligere Version ihrer selbst, womöglich ihre Schwester, filmte den Auftritt mit dem Handy.

Ich beobachtete die beiden Frauen von der Seite, was die jüngere sofort bemerkte. Sie rief mich heran, das tat sie so laut, dass die ganze Bar darauf aufmerksam wurde.

Ich setzte mich zu ihr auf eines der roten Polsterkissen in einem abgetrennten Tischbereich.

»Hi«, sagte ich. »Ist das deine Schwester?« Ich zeigte auf die Frau in den weißen Stiefeln.

Sie tippte etwas in ihr Handy ein, dann reichte sie es mir. Ich mag dich, stand da.

Ich reagierte auf die deutscheste Art, die man sich vorstellen konnte.

Du kennst mich doch gar nicht, tippte ich.

Ihr Lächeln fror ein. Ich fürchtete, rückwirkend ihr Urvertrauen zerstört zu haben.

Ich mag dich auch, schrieb ich dann und überreichte ihr das Handy wieder.

Der russische Schlager war vorbei. Die Sängerin gesellte sich zu uns. Erst jetzt sah ich ihr riesiges Muttermal auf der Wange.

Ein junger Transnistrier, der sein Glas kaum mehr in der Hand halten konnte, dafür seine Zigarette umso gefestigter im Mund stecken hatte, kam auf uns zugetorkelt.

Ich war die einzige Touristin in diesem Schurkenstaat, das war allen klar.

»Was machst du hier?« Er legte seinen Arm um meine Schultern.

»Ich mache Urlaub«, sagte ich. Dabei hatte ich die ganze Zeit keinen Urlaub gemacht. Monatelang war ich einem Ideal gefolgt, einer Idee. Ich wollte Europa so kennenlernen, wie es ist. Nicht, wie ich es gerne haben wollte.

»Ich bin wegen der Arbeit hier«, versuchte ich es noch einmal. »Jetzt gerade arbeite ich zum Beispiel. Siehst du?« Ich prostete ihm zu.

»Hier arbeiten keine Ausländer«, sagte er. »Das dürfen die nicht ohne Erlaubnis.«

»Ich mache nur ein wenig Schreibarbeit«, sagte ich und bereute es im nächsten Moment. Würde er mich verraten? Wurde man hier etwa von den eigenen Landsleuten angekreidet? Das war keine Seltenheit in totalitären Staaten. Ich löste meine Schultern aus seinem Griff und fragte ihn im Gegenzug, was er arbeitete.

Er zog lange an seiner Zigarette und schaute auf die Bühne, als suchte er nach dem Ende eines langen, sibirischen Winters.

»Findet man hier etwa keine Arbeit?«, fragte ich. »Europa stünde dir mit deinem moldauischen Pass doch offen?«

Er kramte in seiner Hosentasche und schmiss zwei Pässe auf den Tisch. »Der transnistrische ist Müll«, sagte er und zeigte auf den ersten. »Der moldauische ist wichtig, wenn ich meine Verwandten in Chișinău besuchen will. Mehr brauche ich nicht, um glücklich zu sein.« Der junge Student drückte seine Zigarette im Aschenbecher aus, nahm dann einen Schluck von seinem Getränk. Es stimmte, die Transnistrier hatten wirklich alles, was man brauchte, um glücklich zu sein.

Die Schwestern nahmen mich gleichzeitig in den Arm, um mich zu verabschieden.

»Wir sind müde und müssen gehen«, erklärte die ältere.

Die jüngere von beiden tippte wieder in ihr Handy.

Für immer Freunde, stand da.


Am frühen Morgen hatte ich mit Dimitri meine Aufenthaltserlaubnis verlängert. Dies war schnell gegangen, nach fünf Minuten standen wir wieder auf der Straße.

»Dafür mussten wir jetzt dahin? Was machen die denn so einen Aufriss?«, fragte ich.

»Das sehen die Herren da oben anders«, sagte Dimitri.

»Du musst verstehen, für sie ist Transnistrien das schönste Land der Welt. Und ganz unrecht haben sie sicher nicht.«

Auf meinem Weg zur Kvint-Fabrik, wo Andrej auf mich warten würde, kam ich an einem Gebäude vorbei, das mir ins Auge stach. Ich erkannte das leuchtende Sheriff-Logo aus dem Reiseführer. Dies war die einzige nennenswerte Supermarktkette des Landes. Ihre Farben schienen durch den dunklen Himmel, der seit dem frühen Morgen von Wolken bedeckt war; Sonnenschein schien hier im Gegensatz zum Alkohol Mangelware. Es lag ein aufregender Sommer hinter mir, und ein dicker Kater zog sich durch meinen Schädel.

Sheriff ist der Konzern des transnistrischen Präsidenten Krasnoselski, der neben dem Parlament die wichtigsten Fußballclubs, Tankstellen und Ölkonzerne des Landes kontrollierte.

Ich fühlte mich wie in einem sowjetischen Arbeitslager. Die Angestellten sprachen kein Wort. Stoisch sortierten sie Produkte ein. Ihre Mundwinkel hingen runter, ihr Gang war harsch und zügig. Ich schnappte mir eine Wasserflasche und verließ den Laden.

Ich rannte zu dem gläsernen Gebäude mit dem Kvint-Logo, vor dem Andrej wartete.

»Hast du gut geschlafen?«, fragte er mich, als würden wir uns lange kennen.

»Geht so«, antwortete ich. »Es ist schon ein wenig gruselig bei euch.«

»Ach! Bei uns ist es gruselig?« Andrej grinste. »Ich habe mal in Bayern studiert.«

Warum entschieden sich die jungen Transnistrier alle für eine Rückkehr in ihr Vaterland, wenn sie den Schnaps der

Freiheit bei uns getrunken hatten? Im Westen, im verhassten Westen, wo es eine offene Presse gab, eine demokratische Verordnung, ein wenig Reichtum. Auch wenn die Arbeitnehmerfreizügigkeit hier nicht griff, gab es immer einen Weg, auszuwandern. Was bewog sie alle zu bleiben?

»Hast du dich in meiner Heimat gut zurechtgefunden?«, fragte Andrej. »Dimitri hat mir schon erzählt, dass du viele Fragen hast.«

Kannten die beiden sich? Hatten sie mich längst an die Behörden verpfiffen?

»Wir sind Freunde seit der Kindheit«, sagte Andrej, als habe er meine Gedanken gelesen. »Wir reden oft darüber, wenn Touristen in die Stadt kommen. Es kommen nicht viele Touristen in die Stadt. «

Eine wasserstoffblonde Schönheit mit kniehohen Stiefeln begrüßte uns vor einer Schranke, hinter der die Tour in der Fabrik beginnen sollte.

»Ich bin Anastasia.« Die Dame reichte mir die Hand. Ich schaute hilflos zu Andrej.

»In einer Stunde bin ich wieder da«, sagte er. »Dann trinken wir einen Kvint zusammen.«

Wurde ich nun zu den Obersten des Landes geführt? War dies das Ende meiner Europareise? Wobei ich technisch gesehen gar nicht mehr in Europa war, geschweige denn irgendwo, wo man mich würde finden können. Würde ich meine Mutter kontaktieren dürfen, nachdem sie mich gefoltert hatten? Dürfte ich mir mit Whiskey den Schädel weghauen, damit ich von meinem langsamen Ableben nichts mehr mitbekam?

Anastasia führte mich in einen Raum mit einem Dutzend Vitrinen. Dahinter standen einige Trophäen und Bilder von Herren in Anzügen.

»Kvint ist sehr stolz auf die Auszeichnungen, die wir aus der ganzen Welt für unseren leckeren Brandy bekommen«, sagte sie. »Der letzte Preis kam vor wenigen Tagen aus Paris.«

Ich beschloss, ihr zuzuhören, wobei mich ihre Stimmlage in Stakkato beachtlich störte.

»Auch in ganz Europa ist Kvint beliebt. Wir verkaufen bis ins letzte Land der Welt.« Sie lachte dabei so warm, als würde sie einem Kleinkind eine Schlafgeschichte erzählen.

»Unter welchem Staatsnamen exportiert ihr eigentlich, wenn ihr doch gar nicht existiert?«

»Moldau«, sagte Anastasia. »Noch.«

Ich folgte ihr in eine riesige Lagerhalle, in der etwa hundert Fässer standen.

»Hier reifen unsere Weine, unsere Brandys, unser Wodka. Manche sogar bis zu zwanzig Jahre. Ist das nicht Wahnsinn?«

Sie kicherte. Jeder ihrer Sätze war so infiltriert von Harmonie, dass ich langsam sauer wurde, dass sie mir so eine Naivität überhaupt zutraute.

»Und was ist das hier?«, griff ich ihrer einstudierten Erklärung vor, als wir die nächste Halle betraten, in der einige weiße Metallfässer standen.

»Hier bereiten wir unseren Alkohol koscher zu für unsere jüdischen Mitbürger.«

»Gibt es noch viele Juden in Transnistrien?«

»Vor der rumänisch-deutschen Besatzung war ein Drittel der transnistrischen Bevölkerung Juden«, sagte Anastasia. »Dann kamen die Deutschen, und der Rest ist bekannt.«

Sie sagte das so abfällig, dass ich meinte, darin eine Retourkutsche für meine unverschämten Fragen zu erkennen.

Ich fragte mich, wann es endlich etwas zu saufen geben würde. Aber in der ganzen Stunde, in der sie mir auf verschiedenen Wegen erzählte, wie bahnbrechend die Geschichte des Kvint war, bekam ich nicht einen einzigen Tropfen.

So stand ich komplett nüchtern vor Andrej.

»Hast du noch Fragen zu unserem Produkt?« Anastasia blieb vor der Schranke stehen, durch die wir eingetreten waren. »Ansonsten würde ich dich mit Andrej in unseren Shop schicken, dort kannst du unseren Kvint kaufen.« Sie strahlte über das ganze Gesicht. »Ich bin sicher, du wirst den Brandy so lieben wie ich.«

Ich schaute ihr nach, wie sie auf ihren Stiefeln wieder an ihren Arbeitsplatz stöckelte, bei dem sie offenbar so glücklich war, dass sie keinen kritischen Ton darüber verloren hatte.


Andrej fuhr in eine Landstraße ein. Er hatte mich zu einem Abendessen bei seiner Tante eingeladen, um das bäuerliche Leben der Landsleute besser kennenzulernen.

Es dämmerte bereits, als wir auf dem Bauernhof vorfuhren. Er lag neben einigen kleineren Höfen in einer Feldstraße. Ein Haupthaus schloss an zwei Schuppen an. Als wir durch das Tor gingen, kamen uns ein Dutzend Hühner entgegen. Andrej trat sie mit den Füßen weg. Er klopfte dreimal an die Holztür und trat ein.

Dann stand ich in einer schwach beleuchteten Küche. Die Küchenzeile schien zusammengewürfelt aus den Hausständen mehrerer Jahrhunderte. Die Wände waren nicht tapeziert, sondern aus bloßem Stein. An einer stand ein Holztisch mit vier Stühlen, darauf lag eine geblümte Plastikdecke.

Wenn ich mir hätte vorstellen müssen, wie russische Bauern vor der Revolution gehaust hatten, dann war dies eine moderne Replik der damaligen Lebenssituation. Anders als die Ukrainer, schienen die Bauern unter ärmlichen Verhältnissen zu leben wie damals in der Sowjetunion.

Andrej begrüßte seine Tante Natascha, die mit einem lauten Türknall eingetreten war. Sie trug eine geblümte Schürze, Holzschuhe und ein lila Kopftuch. Die Farben an ihrem Körper standen im erklärten Kontrast zur Tischdecke.

Sie gab mir die Hand, musterte mich und ließ ihren Neffen übersetzen, dass ihr Mann gleich aus der Stadt zurückkäme. Dann ging sie zum Herd und bereitete einen Teller mit Fleischhappen und Speck für uns vor.

»Wie kommt dein Onkel aus der Stadt her?«, fragte ich Andrej.

»Er fährt mit dem Stadtbus. Manchmal tut sich die Gegend zusammen. Dann fahren sie gemeinsam mit einem Auto der Nachbarn.«

Auf dem Hof schrien die Hühner auf. Natascha setzte sich zu uns an den Tisch und stellte den Teller vor meiner Nase ab.

»Doswidanja«, rief ihr Mann beim Betreten der Küche aus. In der Hand hielt er drei Plastikflaschen, die mit einer hellrötlichen Flüssigkeit gefüllt waren.

»Magst du Wein?«, fragte Andrej.

»Und wie«, antwortete ich.

»Glück gehabt.«

Andrej übersetzte mir die Lobeshymne seines Onkels auf den Wein, den er selbst auf dem Hof herstellte und nun endlich in seinen Händen hielt.

Dann kam er auf mich zu. »Viktor«, stellte er sich vor und hielt sich die Hand vor die harte Brust. Er beugte sich leicht nach vorne, um meine Hand anzunehmen. »Ich Andrejs Onkel«, sagte er auf Deutsch. Damit waren seine Deutschkenntnisse erschöpft, und er redete fröhlich auf Russisch weiter.

Ich nahm von dem Speck und biss genüsslich in ein Stück hinein.

Viktor zeigte auf mich, dabei zog er seine großen, buschigen Augenbrauen so weit hoch, dass sie fast in seine Glatze hineinragten.

»Er will wissen, was du in Transnistrien suchst«, übersetzte Andrej für ihn.

»Keine Ahnung«, sagte ich. »Vielleicht will ich euch von Europa überzeugen.«

»Aha, aha«, sagte Viktor. Er wies Natascha an, ein paar Gläser zu holen, denn er zeigte auf die Flaschen und dann auf den Küchentisch.

Daraufhin entstand ein kleiner Streit zwischen ihnen, an dessen Ende Viktor aufstand, um die Gläser selbst zu holen. Nacheinander goss er mir und sich ein. Andrej winkte wegen des Autos ab, und Natascha schien an Alkohol erst gar nicht interessiert.

»Mein Onkel sagt, wenn du eine Frau im Haus hast, brauchst du keine Angst vor der Hölle zu haben.« Andrej lachte.

Dann grölte Viktor los, er zwickte seiner Frau spielerisch in den Arm. Natascha lächelte.

Viktor hob sein Glas, sagte ein paar Worte, und wir tranken den süßlichen Rosé, den ich nach dem ersten Schluck als solchen identifizierte.

Ich fragte, ob er den Wein auch verkaufen würde.

Andrej übersetzte, dass die Reben im Garten dafür nicht ausreichen. Aber die Regierung würde nie auf die Idee kommen, in den ländlichen Gegenden zu spionieren, von daher wäre ein Verkauf durchaus möglich.

Wie in vielen der östlichen Länder fühlte ich mich, als würde man mir etwas verheimlichen. Diese Angst, sich

Fremden anzuvertrauen, liegt tief im kommunistischen System vergraben, das in diesem Teil Europas vor dreißig Jahren abgeschafft worden war.

Viktor schenkte mir Wein nach. Er erzählte von den Keltereien unter den Hügeln Moldaus. Das Land war als Weinnation bekannt, erklärte Viktor, gehörte es doch zu den größten und ältesten Anbauern der Welt. »Du kannst mit dem Auto in der Nähe von Chişinău in den riesigen Keller einfahren und Millionen Flaschen bestaunen«, übersetzte Andrej. »Die haben da Nazigold«, flüsterte er.

Aus dem Fenster sah ich, wie der Himmel sich immer mehr schloss, wie der letzte hellblaue Faden sich in den Untergrund zurückzuziehen schien. Die nächste Flasche war leer, und ich versuchte, meine Betrunkenheit mit einem Stück Speck abzumildern.

Viktor schien nun zu schimpfen. Sein Blick kreuzte sich mit der Wand vor uns, an die der Holztisch stand.

Natascha lächelte wohlwollend. Offenbar war sie diese Eskapaden von ihrem Mann gewohnt. Ein Mann, der einen Besuch deshalb nicht ausschlug, weil er sich dabei literweise Wein reinschütten durfte.

»Mein Onkel sagt, niemand könne so arbeiten wie die Transnistrier«, übersetzte Andrej. »Er sagt, dass ihr aus Europa gar nicht wisst, was Arbeit ist, und dass der Anschluss zu eurer Union überhaupt nicht zur Diskussion steht. Mein Onkel fragt, ob du jemals in einem der Sheriff-Supermärkte gewesen bist.«

Ich nickte, wartete gespannt.

»Mein Onkel hat dort gearbeitet. Er hat in seinen späteren Jahren nie wieder so eine Arbeitsdisziplin gesehen wie bei Sheriff.«

Viktor sprach nun zu der leeren Flasche.

»Deswegen ist es auch nicht richtig, die Flasche auf das Feld zu bringen«, übersetzte Andrej. »Die Flasche hat den transnistrischen Bauern mürbe gemacht. Sie ist das Verderben dieser Nation. Jetzt muss er in Supermärkten arbeiten und muss sich anhören, dass er dem Russen gar nichts wert ist.«

Viktor hielt sein Glas hoch. Er gab einen Toast. Einen nicht besonders langen, aber an dessen Ende trank er inbrünstig aus, was in diesem Haushalt noch zu finden war. Bevor Andrej den Mund zum Übersetzen öffnen konnte, lehnte ich ab. Ich wollte mir meinen eigenen Reim daraus machen.


Ich setzte mich in meine Karre, die kalt gelaufen war, weil ich in Transnistrien auf sie verzichtet hatte. Die letzte Herausforderung war nun, aus diesem nicht existenten Staat auszureisen. Kurz vor der Grenze ließ er seine ganze Gewalt auf mich einwirken. Plötzlich schien es mir, als würden an allen Straßenecken Polizeiwagen auf mich warten. Als würden mich die Soldaten in ihren Uniformen und dicken Pelzmützen anstarren und sich gegenseitig verständigen, um mich von der Straße zu holen. Die Paranoia der letzten Tage landete mit voller Wucht in meinem Bewusstsein. Auch wenn dir der Staat keinen Hausbesuch abstattet oder dich einbuchtet: Es reicht zu wissen, dass er es könnte.

Ich schwitzte heftig. In der Schlange vor der Grenze ließ ich das Auto dreimal absaufen.

Eine Soldatin nahm mir meine Papiere ab. Sie forderte mich auf, den Kofferraum zu öffnen, und winkte mich ohne ein Wort des Abschieds durch. So schwer die Einreise gewesen war, so unkompliziert gestaltete sich die Ausreise zurück in das Mutterland dieses nicht existenten Staates. Nun war ich wieder in der Legalität angekommen. Eine Frage würde allerdings immer unbeantwortet bleiben: Wenn man in einem nicht existenten Staat saufen war, hatte man dann wirklich gesoffen? War dann alles wirklich so passiert?

Ich fuhr noch eine Weile, da ging mein Auto schon wieder aus, ohne dass ich gebremst oder die Kupplung ausgefahren hätte. Aus dem Motor qualmte es, und die Batterie zeigte einen rekordverdächtigen Niedrigstand an. Ich stellte mich an einer verlassenen Straße an den Feldweg. Ich fluchte. Mehrmals versuchte ich es, aber die Karre wollte nicht mehr anspringen. Ich montierte die Nummernschilder ab, klemmte sie mir unter die Arme und spazierte in Richtung Hauptstadt. Ein deutsches Auto war hier gerne gesehen, das war mir mehrmals auf dieser Reise bestätigt worden. Sollten sich ab jetzt andere damit herumschlagen.

# 13

## Welcome to the Vodka Train

Ich hatte nie Angst davor gehabt, dorthin zu gehen, wo andere vor Schreck ihren Chai Latte fallen lassen. Ich glaube, das lag vor allen Dingen an folgender Geschichte. Als Kind hatten mir meine Eltern erzählt, sollte ich mal entführt werden, würden mich die Täter innerhalb von zwei Stunden zurückbringen. Und das lag ihrer Ansicht nach einzig und allein an meinem großen Mundwerk. Leider setzte diese Horrorgeschichte bei mir das falsche Signal: Vor was sollte ich auf dieser Welt Angst haben, wenn ich so anstrengend war, dass ich immer wieder zurückgebracht wurde?

So ist es tatsächlich auch in der Republik Moldau geschehen. Ein älterer Herr hatte mich in einem alten Lada am Straßenrand aufgelesen und zu einer Werkstatt gebracht. Die Mechaniker hatten dann später die Karre verschrottet. Eine Rechnung bekam ich nicht, aber zumindest einen Nachweis, dass ich das Auto in der Republik Moldau gelassen hatte. Den musste ich für zweihundert Euro kaufen. Dann brachte der ältere Herr mich zum Flughafen. Zum Dank gab ich ihm meine letzten moldauischen Lei.

Als Nächstes würde ich in Moskau in die Transsibirische Eisenbahn nach Sibirien einsteigen. Zum einen beruhigte mich die Idee, tagelang in Bodennähe zu reisen und nicht in einem Flugzeug. Zum anderen reizten mich die Gruselgeschichten, die ich in Moskaus Kneipen zu Ohren bekommen hatte.

»Wir nennen ihn den Wodkazug«, eröffnete mir eine Künstlerin, die ich auf einer Ausstellung kennengelernt hatte. Sie hatte ein blaues und ein rotes Auge und trug einen langen Mantel, in dem sie ihren gesamten Hausstand versteckte. »Du kannst froh sein, wenn du in dem Irrenzug nicht vergewaltigt wirst.« Sie stocherte sich mit einer Gabel, die sie aus dem Mantel griff, in den Zähnen herum. Danach zog sie an ihrem Joint.

Ich war beeindruckt über diese Gleichgültigkeit gegenüber dem Gesetz. Allerdings schien die Frau eine gewisse Verehrung für Putin, diese Vaterfigur eines Aristokraten, zu hegen.

»Nur er kann das Land wieder richten«, sagte sie in ein Mikrofon, das sie aus der Manteltasche holte. »Sag mir, wer den Scheißhaufen hier sonst zusammenhalten soll?«

Ihr Freund, der eine Fahne von Moskau nach Peking hatte, warf seinen Rat über ihre Schulter in das Gespräch: »Die Eisenbahn ist nicht so schlimm, wie du denkst. Versuch deine Sachen an dich zu drücken und verlass dein Abteil nie nach elf Uhr. Und wenn du zu besoffen bist, schmeißen die dich in der sibirischen Tundra raus.«

Ich fand mich eine halbe Stunde vor Abfahrt am Gleis ein.

Die Transsibirische Eisenbahn war, wie sich herausstellte, ebenso eine Bahn wie der deutsche IC oder die Regio in Rumänien. Bei der legendären Transsib handelte es sich schlicht um einen Mythos. Hier fuhren Züge in die verschiedensten Richtungen ab und in die verschiedensten Gleise ein wie an jedem anderen Bahnhof dieser Welt. Das war nichts Besonderes.

Russland hat elf Zeitzonen, und diese in den Zügen immer wieder anzupassen, musste ein logistischer Albtraum sein. Die Züge fuhren daher auf Moskauer Zeit, zu der ich mich passend eingefunden hatte. In meinem Reisepass schaute ich mir mein Visum ein letztes Mal an. Die Daten waren richtig eingetragen, ich hatte zwei Wochen als Reisezeitraum angegeben. Ich befand mich im letzten Land Europas vor der europäischen Grenze. Von hier aus ging es nicht weiter. Bald würde ich nach Hause müssen.

Eine seltsame Sehnsucht ereilte mich. Zum einen dachte ich an Frankfurt, wenn ich an mein Zuhause dachte. Zum anderen erschien mir jenes unerreichbar, weil ich meine Wohnung mit Ben dort erst vor ein paar Monaten aufgegeben hatte. Worauf konnte ich mich freuen? Wer würde mich erwarten? Ich war von Traurigkeit und Melancholie erfüllt, von Abschieden und neuen Anfängen.

In meinem Rucksack trug ich eine Flasche Wodka, die ich den Mitreisenden anbieten würde, um diese letzten der Europäer in unsere Verbrüderung mit einzubeziehen. Daran hatten sich immerhin einige der höchsten Politiker über Jahrzehnte versucht: Die Nähe zum Osten war ein Anliegen der postmodernen Diplomatie des Westens.

Die nächsten Tage würde ich in Schlappen und Jogginghose verbringen. So stand es im Reiseführer, so reiste der gemeine Russe in den regionalen Nachtzügen. Diese Freude wurde einem im wirklichen Leben nicht oft zuteil. Es sei denn, man lebte in Berlin.

Die Transsibirische Eisenbahn. Von Weitem sah ich ihren feuerroten Kopf. Entgegen meiner Erwartungen wurden keine Fanfaren gespielt, sie war lediglich zur richtigen Zeit am richtigen Gleis. Ich fotografierte die Einfahrt der Rossiya No. 2, einem der altehrwürdigsten Züge der Strecke.

Ich fand mich aufgeregt an einer der Türen ein. Das Ticket war auf Russisch beziffert und beschriftet: Ich verstand kein Wort. Vor jedem Wagen standen die Schaffnerinnen, die provodnista, in dunkelblauen Mänteln und mit einer roten Mütze auf dem Kopf. Sie prüften Pässe und Tickets der Einsteigenden. Mit einem Fingerzeig wurde ich nach Ansicht meines Tickets zwei Wagen weiter geschickt, denn ich hatte mich dort einzufinden, wo ich auch schlafen würde. Dies war das erste Mal in meinem Leben, dass ich mit einem Nachtzug reiste. Alles war neu und musste mir erklärt werden.

Ich ging weiter, überreichte meinen Pass an eine der Frauen. Sie winkte einen Kollegen heran. Beide diskutierten über meinen Pass, sie ließen ihn durch verschiedene Hände gehen, sie drehten und wendeten ihn. Aber was immer sie auch taten, sie sprachen nicht mit mir.

Ich war es gewohnt, dass mein Ausweis in allen Ländern mit Kusshand genommen wurde. Nicht ein einziges Mal hatte es Probleme damit gegeben, und erst kürzlich hatte ich von einer Studie gelesen, die den deutschen Reisepass zum mächtigsten der Welt gekürt hatte. Hier aber, in Moskau, mitten in der russischen Metropole, erwischte ich mich dabei, dieses Wunderwerk zu verteidigen: »No, no, it's real. Look it is not expired at all! I have a ticket, don't you see? Look at this, please. It's a German passport. Come on!«

Immer mehr Kollegen kamen dazu, bis sich eine richtige Wolke an Zugbegleitern um mich gebildet hatte. Aber egal, was ich sagte, sie hörten mir nicht zu.

Kurze Zeit später wurde ich durchgewunken. Entweder es interessierte die Zugbegleiter nicht, wo ich in ihrem riesengroßen Land verenden würde, oder aber sie hatten eine andere Sache beschlossen. »Die wird sowieso in zwei Stunden wieder abgegeben«, sagten sie sich, ebenso wie meine Eltern. »Die labert alle ins Verderben. Lasst uns sie einfach mitnehmen. Der Rest klärt sich von alleine.«

Ein Durchgang führte durch das gesamte Abteil. Jeder Wagen hatte einige abgetrennte Bereiche, in denen sechs Ober- und Unterbetten zu beziehen waren. Meine Bettnummer fand ich auf dem Ticket.

Ich kletterte auf die obere Etage über eine ältere Dame hinweg. Die Liegefläche des Bettes war weder zu hart noch zu weich. Vor meiner Liege war ein Griff angebracht, der mich davor schützen sollte, herunterzufallen. Weder Bettwäsche noch eine Decke hatte ich bekommen. Die anderen Fahrgäste verabschiedeten sich von ihren Angehörigen und Freunden, die mit in den Zug gekommen waren, um mit den Koffern zu helfen. Es schien nicht unüblich, dass der Zug länger an den Stationen hielt.

Eine provodnista kam auf mich zu und quatschte mich auf Russisch voll. Dabei sprach sie weder langsam, noch benutzte sie eine Gestik, die mir weiterhelfen würde. Sie ging einfach davon aus, dass ich sie verstand.

»Do you speak English? Oder Deutsch?«, fragte ich, um uns beide weiterzubringen.

Aber die provodnista schüttelte den Kopf, schnalzte laut auf und war weg. Wenig später kam sie mit meiner Bettwäsche und einer Wolldecke zurück. Sie lächelte bei der Übergabe. Auch in Russland schien man sehr viel davon zu halten, Menschen in Not zu helfen. Sollte diese Dame wirklich dazu fähig sein, mich betrunken im tiefsten Sibirien verrecken zu lassen? Das konnte und wollte ich nicht glauben.

Dabei hatte ich keine Lust mehr auf die Flasche, als die Rossiya No. 2 in die rauer werdende Landschaft Russlands einfuhr. Meine Reise stand kurz vor dem Ende.

Monatelang war ich mit einigen Brocken Italienisch und Englisch in Europa nicht nur durchgekommen, sondern in die etwaigen Kreise aufgenommen worden. Jetzt befand ich mich in einer Ecke des Kontinents, in dem mir weder Sprache noch Gestik halfen.

Zum ersten Mal spürte ich eine tiefe Einsamkeit in mir. Eine, die sich anders anfühlte als jene, die mich im Westen oder Norden Europas ereilt hatte. Diese hatte ich stets mit Heimweh vergleichen können, ein Gefühl, das jeder kannte, der länger als vier Wochen unterwegs ist.

Nur zwei Stunden war ich geflogen, um in Moskau anzukommen, aber ich fühlte mich, als sei ich am anderen Ende der Welt. Und mein Zuhause würde fortan ein alter Zug sein, der durch die ewige Steppe Russlands tuckerte.

Auf die Minute genau fuhren wir in die Stationen ein. Mir war schleierhaft, warum auf der ganzen Welt nicht die Rede von der russischen Pünktlichkeit war.

Am Ende des Abteils stand ein silbernes Samowar. In diesem war ständig heißes Wasser bereitgestellt, darauf achteten die provodnista akribisch.

Ich war in meinem Abteil schnell als Ausländerin bekannt. Niemand sprach mich darauf an. Ihre Zuneigung zeigten die Russen dadurch, dass sie mir ein Stück Fleisch nach oben reichten. »Dawai, dawai«, sagten selbst die Jüngsten, die offenbar kein Wort Englisch in der Schule gelernt hatten.

Bald war ich Teil des Zuglebens. Die ältere Frau unter mir

lud mich oft zu sich ein, wir schauten gemeinsam auf die Steppe und schwiegen. Ich sah stundenlang auf die Wiesen und Felder, die durchbrochen wurden von Holzhäusern, die in dem Moment, in dem wir daran vorbeisausten, zusammenzubrechen drohten.

»Dawai«, sagte die Frau und klopfte auf den Sitz neben sich. Dann baute sie vor uns ein Schachspiel auf. Ich verlor jede einzelne Partie.

Im Zug sprach sich herum, dass ich leichte Beute war. Die anderen Reisenden hatten es sich über uns und neben uns auf den Betten gemütlich gemacht. Bald standen sie Schlange, um gegen mich zu gewinnen.

Ich holte meine Flasche Wodka heraus, ich hatte genug von dem Verlieren. Nur ein junger Mann, der in Jogginghose und Pelzmantel neben mir saß, nahm einen Schluck. Der Rest meiner Gegner lehnte dankend ab.

Ganz anders, als ich es aus Erzählungen kannte, wurde in der Transsibirischen Eisenbahn hauptsächlich Tee getrunken. Das erschien mir logisch. Wir Deutschen saßen ebenso wenig den ganzen Tag in der Regionalbahn, um Bier zu trinken. Es sei denn, es stand ein wichtiges Fußballspiel an, das Oktoberfest, Karneval oder ein Freitagabend. Aber der Russe war nicht auf der Welt, um Wodka zu trinken. Der Wodka war auf der Welt, um dem Russen gelegentlich bei Problemen auszuhelfen. Alles andere schien, ganz genau wie die Transsibirische Eisenbahn, ein Mythos zu sein.

Ich schaute auf mein Handy, als wir in die Nacht einfuhren. Die Balken wurden mit jeder Stunde weniger, und ich beschloss, es aufgrund des mangelnden Empfangs auszuschalten. Ich redete nicht viel, und die Wodkaflasche vergaß ich. Die ersten Monate auf meiner Reise war es nur um Worte gegangen. Viele hatten mich erfreut, andere enttäuscht, andere hatten mich wütend gemacht. Und nun, in dieser Stille, die mich Tag und Nacht umgab, fiel mir auf, dass wir in Westeuropa zu viel redeten. Und dass dabei viel zu wenig herauskam.

Je mehr ich in den Osten vordrang, umso schwerer wurde es, in die Seele dieser seltsam verhaltenen Osteuropäer zu blicken. Reservierte Gesichter begegneten mir nicht nur einmal, und ich war gepeinigt von zögerlichen Gestiken. Blicke, die auf dem Boden endeten statt in meinem Gesicht. Wäre ich aber in diesem vollen Zug bedroht worden, so wie es die Moskauer mir prophezeit hatten? Keine Sekunde zweifelte ich daran, dass die Anwesenden mich mit ihrem Leben verteidigt hätten.

Ich wachte auf, das Licht eines kleinen Bahnhofs streifte unseren Zug. Ich schaute in das Gesicht eines jungen Mannes. Es war eher rund als eckig; es strahlte Klarheit aus und ein großes Herz. Es war derselbe Mann, der beim Schach neben mir gesessen hatte. Er hielt seine Hand an den Mund, fragte mich somit, ob ich einen Wodka für ihn habe.

Ich hüpfte von meinem Bett herunter, dabei kam ich leise mit den Socken auf.

Ich kramte in meinem Rucksack. Ich hatte die Flasche ganz nach unten gedrückt, die Pullover und Jogginghosen waren mir in diesen Tagen wichtiger geworden.

Mit meiner Hand erfühlte ich die Flasche und zog sie heraus.

»Wässerchen?«, bot ich ihm an.

Er zog mich am Arm mit in das Abteil vor dem Samowar. Hier hörten wir jedes Fahrgeräusch, und ich bereute es, meine Wolldecke nicht mitgenommen zu haben.

»Wann steigst du aus?«, fragte ich ihn. Dabei zeigte ich auf die Tür, die nach draußen führte.

Er deutete eine Fünf mit seiner Hand an, und ich wusste nicht, ob es in fünf Stunden oder Tagen war. Aber darauf kam es in der Transsibirischen Eisenbahn nicht an. Ständig verabschiedete sich jemand, ständig stieg jemand ein.

Ich nahm den ersten Schluck. Das Schale mit dem Bitteren: Es ging mir durch das gesamte Gemüt, und ich hustete.

Der junge Mann lachte. Dann nahm er einen großen Schluck, aber in ihm zitterte und zuckte nichts.

»Ihr wachst mit dem Zeug auf, oder?«, fragte ich ihn auf Deutsch.

Er nickte, obwohl er mich unmöglich verstanden haben konnte. Mit jedem Schluck wurde sein Englisch besser: »You Deutschland?«, fragte er mich nach einer Weile.

»Ich Deutschland«, sagte ich. »But Putin, good?«, fragte ich im Gegenzug.

»Putin very«, sagte er. Wobei mir nicht ganz klar war, was er damit meinte.

»Merkel?«, fragte er mich.

»So and so.«

Er schien zufrieden mit der Antwort. Wir konnten diese Gespräche zwar nicht vertiefen, aber im Großen und Ganzen hatten wir uns den Status quo unserer Länder mitgeteilt.

»My father always drunk«, sagte er jetzt. Dabei nahm er keinen Schluck, sondern zog die Flasche nur hoch zu seinem Mund. »I also always drunk, very fun.«

»Very fun«, sagte ich. Ich schraubte die Flasche zu. Das war nicht das erste Mal, dass mir ein Europäer von seinen Alkoholproblemen erzählte.

»My father hit me.« Er hob sein T-Shirt hoch, dort sah ich

eine riesige Brandnarbe, die sich vom unteren Lendenwirbel bis zur Mitte der Wirbelsäule zog.

Ich legte meine Hand auf seine und bedeutete ihm, dass er es wieder runterziehen möge. Es sei schon in Ordnung, ich glaubte ihm.

»Where are you going with the train?«, fragte ich ihn jetzt.

»Away from father and from Moscow«, antwortete er.

»You are running away?«, fragte ich.

»Own life is more important«, sagte er und nahm einen großen Schluck aus der Wodkaflasche.

»Your life is no important?«, fragte er mich dann.

»Very important«, sagte ich und riss die Flasche an mich.

»Have a good trip.« Plötzlich sprang er auf. »Have a good trip home, no?« Er verschwand durch die Tür zurück ins Abteil.

»Home«, flüsterte ich in die Dunkelheit.

Ich wachte gegen elf Uhr Moskauer Zeit auf. Auf dem Weg zur Toilette suchte ich den jungen Mann. Dort, wo er geschlafen hatte, war das Bettzeug abgezogen. Er hatte fünf Stunden gemeint, nicht fünf Tage.

Es war nicht das erste Mal, dass mir eine tragische Familiengeschichte anvertraut wurde, die mit Alkohol zu tun hatte. Linda hatte mir in Göteborg von ihren alkoholkranken Eltern erzählt. Auch auf meiner letzten Station in Transnistrien, dem alten kommunistischen Arbeiterstaat, hatte mir Andrejs Onkel nähergebracht, dass es wichtiger war, die Menschen zum Arbeiten zu bringen und nicht zum Saufen.

Ich war mit einem Gefühl von Feierlust aufgebrochen. Jenem Geist des Erasmus, der mir immer wieder zu sagen schien, dass ich keine anderen Verpflichtungen hatte, als Nächte durchzumachen. Ich war frei und Europa stand mir offen. Sicher war, dass das Flüssige einige Begegnungen zustande gebracht hatte, die sonst nie zustande gekommen wären. Und dieser Eigenart des Alkohols würde ich immer dankbar sein. Die Schattenseiten des Trinkens aber verfolgten mich in die Rossiya No. 2, in der ich stundenlang auf dem Bett lag und durch ein Fenster schaute: den Blick auf die verlassene, russische Steppe gerichtet.

Ich dachte in diesen Tagen viel an Ben. Dachte daran, was ich alles in unserer Beziehung falsch gemacht hatte. Dachte daran, wie viele Europäer in meinem Alter in Beziehungen blieben, die sie unglücklich machten, nur damit sie nicht alleine waren. Dabei waren wir freier als jede andere Generation vor uns. Wir aber entschieden uns für das Leben unserer Eltern: Wir heirateten, kauften Häuser, bekamen Kinder. Uns fehlte manchmal der Mut, etwas ganz Eigenes zu schaffen.

An meinem letzten Abend in der Transsibirischen Eisenbahn schraubte ich die Wodkaflasche auf. Es war kaum mehr ein Schluck darin: Die Party war vorbei. Ich würde dieses Mal die Reisende sein, die die anderen verließ.

Ich hatte mich mit den Schweden halb totgesoffen, hatte mit Rumänen über den Terror diskutiert, der in ihr Land nicht einmal Einzug gehalten hatte. In England erlebte ich die Nachwehen des Brexit, und in Italien, dem Land meiner zweiten Heimat, hatte ich verstanden, was Familie bedeutet.

War dieser Kontinent nicht schon längst vereint durch die Millionen junger Europäer, die ihn bewohnten und die dieselbe Geschichte zu erzählen hatten? Waren wir am

Ende trotz unserer zahlreichen Unterschiede nicht auch manchmal verdammt gleich?

Was haben wir zu verlieren, wenn wir die Eigenarten des anderen schätzen lernen, wenn wir uns an weniger bekannten Stellen des Kontinents treffen? Und wenn es nur zu einem Schnaps an der Theke ist, um dort unsere Einheit zu feiern.

Wir alle sind wie eine große Familie, vereint durch das gleiche Ziel. Eine Familie, die, wenn es darauf ankommt, weiß, wie sie sich zusammenrauft.

Ich nahm einen letzten Schluck. Die Flasche war leer.

## Grazie mille an

Benny, Jannis, Lucy, Phil, Axel, Anna, Sian, Leon,
Maroeska, Jessica, Silvia, Helene, Vitor, Ana, Marius,
Haiko, Kyle, Ariane, Nadine, Mama, Papa


## Special thanks to

Mary Go Wild
School of House
Proeflokaal A. van Wees
Loft 350
Lenin Street Hostel
Transnistria Tour
Rauchzeichen Agentur

## PEER BERGHOLTER / JOCHEN MÜLLER

# Mittendurch statt drüber weg

### Zwei Freunde, ein Traum und die Reise ihres Lebens

Peer und Jochen sind Mitte dreißig, als sie darüber erschrecken, dass ihr Leben im immer gleichen Trott dahinschleicht. Und weil sie sich nicht mit der frühen Vergreisung abfinden wollen, schließen sie einen Pakt: alles aufgeben und einmal um die Welt. Sie erklären den Weg zum Ziel und entscheiden sich für richtiges Reisen – mittendurch statt drüber weg: Flugzeuge sind tabu. Sie sind mit Bussen, Zügen und Containerschiffen unterwegs, müssen wochenlang auf ihre Weiterreise warten, überleben knapp Verkehrsunfälle und haben überall schräge Begegnungen mit Einheimischen. 15 Monate, die das Leben der beiden für immer verändern.

KNAUR✹